Lendle · Bracht
Das No-Fat-Cookbook

**Gabriele Lendle** stellte im Jahr 2000 aufgrund ihrer rheumatischen Erkrankung ihre Ernährung zunächst auf vegetarisch und 2010 konsequent auf vegan um – mit verblüffenden gesundheitlichen Erfolgen. Seitdem experimentiert sie begeistert mit pflanzlichen Lebensmitteln, schreibt Kochbücher, gibt Koch- und Backkurse und hält Vorträge über gesunde Ernährung. Gabriele Lendle ist Kunstmalerin, Buchautorin, Ernährungsberaterin und Meditationscoach. In ihrer Freizeit treibt sie viel Sport und läuft Halbmarathons. Sie lebt und arbeitet in Korntal bei Stuttgart.
www.gabriele-lendle.com

**Dr. med. Petra Bracht** arbeitet als Allgemeinmedizinerin in eigener Praxis in Bad Homburg, ist Gesundheitsexpertin bei HR 1 und schreibt für verschiedene Zeitungen und Zeitschriften. Über ihre Arbeit sagt sie selbst: »In meiner Vision sehe ich Menschen, die wissen, wie sie leben sollten, um gar nicht erst krank zu werden, die lernen und erleben, wie sie wieder gesund werden können und aufgrund dieses Wissens in eigener Verantwortung ihren ›inneren Arzt‹ aktivieren können. Eine von mir angestrebten Medizin bedient sich aller Wissensressourcen aus Naturheilkunde, Schulmedizin und neuesten wissenschaftlichen Erkenntnissen, mit einer besonderen Ausbildung zum ›Arzt für logische Medizin‹«.
www.drpetrabracht.de

Gabriele Lendle · Dr. med. Petra Bracht

# Das No-Fat-Cookbook

Über 100 Rezepte mit grüner Pflanzenpower und gesunden Kohlenhydraten
Herzgesund & cholesterinfrei

TRIAS

6 Geleitwort von Professor Claus Leitzmann

9 Fettfrei kochen: Was mir am Herzen liegt

## 19 Leckere No-Fat-Rezepte

20 **Kleinigkeiten**

30 **Zum Sattwerden**

72 **Backen**

88 **To go**

100 **Basics**

## 109 Herzgesunde Ernährung: Das sollten Sie wissen

114 Ernährungsirrtümer und deren Folgen

122 Was Sie über Fette wissen sollten

133 Zutaten- und Rezeptverzeichnis

135 Stichwortverzeichnis

# Geleitwort

Das Thema Fett bleibt ein Dauerbrenner. Kein anderer Nährstoff wird schon so lange so kontrovers diskutiert wie dieser vielseitige Bestandteil unserer Nahrung und unseres Körpers. Dabei drehen sich die Kontroversen primär um die Aspekte Quantität und Qualität.

Bei der Quantität der Fette wird im vorliegenden Buch überzeugend dargelegt, dass die natürlicherweise in unseren pflanzlichen Lebensmitteln enthaltene Menge völlig ausreicht, um unseren Bedarf an Fett zu decken. Alle isolierten Fette, die in der industriellen und handwerklichen Verarbeitung sowie der häuslichen Zubereitung hinzugefügt werden, sind nicht nur überflüssig, sondern können auch schädlich sein. Die Schädlichkeit betrifft nicht allein den hohen Energiegehalt von Fett und dem damit verbundenen Übergewicht, sondern auch die bei der Fettverarbeitung möglicherweise verbleibenden Lösungsmittelrückstände sowie die entstehenden Fett-Abkömmlinge, die Zivilisationskrankheiten fördern können. Außerdem werden bei der Isolierung vielerlei Vitamine, Mineralstoffe und sekundäre Pflanzenstoffe abgetrennt oder inaktiviert.

Die Rezepte im Buch enthalten zwischen 5 und 25 Energieprozent Fett, eine Menge, die für gesunde Menschen angemessen erscheint. Diese Bewertung beruht auf praktischen Erfahrungen sowie der Orientierung an der Natur: Die uns im Tierreich genetisch und physiologisch ganz nahe stehenden Menschenaffen nehmen im Durchschnitt 5 % ihrer Nahrungsenergie in Form von Fett auf, mit starken saisonalen Schwankungen zwischen 1 und 8 %, und das bei bester Gesundheit. Eine Fettzufuhr für gesunde Menschen von bis zu 25 Energieprozent erscheint daher angebrachter als um die 40 % bei der üblichen deutschen Durchschnittskost.

Bei der Qualität der Fette wird es immer deutlicher, dass weniger einzelne Fettsäuren für eine optimale Gesundheit entscheidend sind als eine gute Mischung der gesundheitlich günstigsten Fettsäuren. Dabei stellen die verschiedensten Fettsäuren, wie sie natürlicherweise in einer vielseitigen Pflanzenkost vorkommen, eine auf langjährigen Erfahrung und wissenschaftlichen Erkenntnissen basierende ideale Fettzusammensetzung dar.

Diesen einfachen Anspruch erfüllen die Rezepte im Buch, darüber hinaus schmecken sie sehr lecker. Damit zeigt sich, dass bei einer vollwertigen pflanzlichen Kost, die fast ohne isolierte Fette auskommt, kein Widerspruch zwischen Gesundheit und Genuss besteht. Der weitgehende Verzicht auf zugesetzte Fette in dieser Kost bietet gleichzeitig einen Schutz vor potenziellen Krankheiten.

Tierische Lebensmittel eignen sich weniger für eine Kost, die eine ausgewogene Mischung der gesundheitlich günstigen Fettsäuren enthalten sollte. Außerdem enthalten tierische Produkte meist Begleitsubstanzen, die nicht gerade gesundheitsförderlich sind. Dazu zählen Rückstände aus Futtermitteln und aus medizinischen Behandlungen, Salz sowie allerlei Zusatzstoffe.

Neben Fett sollten auch die anderen Nährstoffe in möglichst optimaler Quantität und Qualität in unserer Nahrung vorhanden sein. Es hat sich gezeigt, dass diese Kriterien am ehesten erfüllt werden, wenn die Kost weitaus überwiegend aus Pflanzen besteht, die aus regionalem, biologischem Anbau stammen, möglichst wenig verarbeitet und schonend zubereitet werden. Diese Anforderungen werden weitgehend den ethischen Anliegen, der ökologischen Notwendigkeit sowie unserer gesellschaftlichen Verantwortung und damit der so dringend geforderten Nachhaltigkeit gerecht.

Das vorliegende Buch will motivieren und zeigen, dass eine Ernährung weitgehend ohne zugesetzte Fette nicht nur gesundheitliche Vorteile bietet, sondern auch eine ganze Reihe gesellschaftspolitischer Kriterien erfüllen kann. Mit der entsprechenden Überzeugung und ein wenig Geduld können die leicht verständlichen Empfehlungen und Rezepte in diesem Buch problemlos bald in neuen Ernährungsgewohnheiten münden.

Viel Erfolg und Freude bei der Umsetzung der gut begründeten Empfehlungen und leckeren Rezepte für eine gesunde und nachhaltige Lebensweise, wünscht Ihnen

Claus Leitzmann, Laubach (Professor für Ernährungswissenschaft an der Universität in Gießen)

# Fettfrei kochen: Was mir am Herzen liegt

Mein erster Selbstversuch in 2013, fettfrei zu kochen, endete nach 3 Monaten für mich damit, dass ich als ohnehin sehr schlanke Person 5 kg abgenommen hatte, was eigentlich gar nicht mein Ziel gewesen war. Wenn Sie also nicht nur Ihrer Herzgesundheit etwas Gutes tun wollen, sondern auch abnehmen wollen, haben Sie das richtige Buch in der Hand!

Herz-Kreislauf-Erkrankungen sind die Todesursache Nr. 1. Mit herzgesunder Ernährung können Sie diesen und vielen weiteren Erkrankungen nicht nur vorbeugen, sondern vorhandene Beschwerden lindern und gleichzeitig abnehmen, falls der Bedarf des Abnehmens bei Ihnen vorhanden ist.

## Die in Pflanzen enthaltenen Fette reichen aus

Es geht hier in diesem Buch übrigens nicht um fettfreies Essen. Nein, es geht um fettfreies Kochen bzw. um die weitestgehende Vermeidung von zusätzlichem Fett in unserer Nahrung. Für unsere Gesundheit benötigen wir neben Kohlenhydraten, Eiweiß, Vitalstoffen, wie Vitaminen, Mineralstoffen, Spurenelementen, Ballaststoffen und sekundären Pflanzenstoffen, eben auch Fett.

Ganz ohne geht es sowieso nicht. Tatsache ist jedoch, dass beinahe jedes Lebensmittel aus den Nährstoffen Eiweiß, Kohlenhydrat und Fett besteht und das ohnehin in den Lebensmitteln enthaltene Fett gesünder ist und vollkommen reicht, um den Tagesbedarf an Fett von 5–25 %, bezogen auf die aufgenommene Gesamtnahrungsmenge, in Kalorien zu decken.

Wenn Sie sich beispielsweise einen Salat aus 100 g Blattsalat mit einem Dressing zubereiten, das 1 Esslöffel (= 10 g) Olivenöl enthält, so haben Sie ca. 12 Kalorien im Salat und ca. 90 Fettkalorien im Öl. Das Verhältnis ist viel zu hoch. Relativieren können Sie das ungünstige Verhältnis, wenn Sie eine Portion Spaghetti mit einer fettfreien Tomatensauce dazu essen, ungünstig würden sich Spaghetti mit Sauce und reichlich Olivenöl auswirken.

Sie brauchen dem Essen also kein oder kaum zusätzliches Fett zusetzen. Denken Sie z. B. an eine Avocado. Eine Avocado enthält bekanntermaßen viel Fett, allerdings sehr gesundes Fett! Daraus lassen sich z. B. wunderbare Salatdressings zaubern, ganz ohne Öl. Oder denken Sie an Nüsse, Cashews, Mandeln ... auch diese enthalten sehr viel Fett; gesunde Fettsäuren, welche auch als Ölersatz wunderbare Dienste beim Kochen, Backen und der Salatzubereitung leisten. Und Sie werden sehen, es ist einfach lecker und Sie vermissen gar kein Öl.

Es gibt gesunde und ungesunde Fette bzw. Fettsäuren. Tierische Fette (übrigens auch tierisches Eiweiß) beispielsweise sollten so weit wie möglich reduziert, besser ganz gemieden werden, wenn man den Anspruch hat, sich gesund zu ernähren.

## Fett ist nicht gleich Fett!

Wussten Sie, dass unser Körper die notwendigen gesättigten und alle einfach ungesättigten Fettsäuren selbst herstellt? Genialerweise sogar genau in der richtigen Menge!

Im Grunde brauchen wir also keine zusätzlichen Fette in Form von Öl, Butter und Margarine zu uns zu nehmen. Essenziell sind lediglich die mehrfach ungesättigten Fettsäuren, daraus stellt unser Körper die gesättigten und einfach ungesättigten Fettsäuren her. Die mehrfach ungesättigten Fettsäuren müssen wir zwingend dem Körper durch unsere Nahrung zuführen.

Denken Sie z. B. an ein Olivenöl. Ein gutes Olivenöl gilt allgemein als äußerst gesund, vor allem für Herzkranke. Ich kenne Menschen, die Herz-Kreislauf-Beschwerden haben, wenn nicht sogar schon einige Stents eingesetzt bekommen haben, die überzeugt sind, reichlich kalt gepresstes Olivenöl sei das Gesündeste für ihr Herz. Sie kaufen es kistenweise direkt beim Erzeuger und verzehren es großzügig, nach dem Motto: Je mehr, desto besser für die Herzgesundheit! Der übermäßige Genuss dieses Öls macht sich auch meist unübersehbar an ihrem Körperumfang bemerkbar. Ein hochwertiges kalt gepresstes Olivenöl – extra vergine – enthält rund 15 % gesättigte Fettsäuren, rund 70 % einfach ungesättigte Fettsäuren und einen kaum nennenswerten Anteil an den essenziellen mehrfach ungesättigten Fettsäuren von 9 %.

Die Zusammenhänge zwischen Fetten (deren Qualität und Quantität) in unserer Ernährung und häufigen Zivilisationskrankheiten oder eben Gesundheit erläutert die erfahrene Ärztin und Ernährungsmedizinerin Dr. Petra Bracht noch ausführlicher im zweiten Buchteil (Seite 114).

Im Jahre 2014 startete ich meinen zweiten Selbstversuch, fettfrei zu kochen. Dieses Mal ist es mir ohne erheblichen Gewichtsverlust gelungen, weil ich einfach insgesamt mehr gegessen habe. Wenn man bedenkt, dass ein Gramm Fett 9 Kalorien liefert im Vergleich zu jeweils 4 Kalorien in einem Gramm Kohlenhydrate oder Eiweiß, dann kann man sich von den letztgenannten schon einiges mehr gönnen.

## Warum ich mich ohne zusätzliches Fett ernähre

Sie fragen sich nun sicher, wie ich überhaupt darauf gekommen bin, mich ohne zusätzliches Fett zu ernähren? Im September 2013 fing ich an, mich mit den spannenden Ernährungsstudien von Dr. Caldwell B. Esselstyn aus den USA zu beschäftigen. Dr. Esselstyn ist einer der bedeutendsten und bekanntesten Ärzte, er wurde 1994/1995 in die Gruppe der besten Ärzte der USA aufgenommen.

Seine Forschungsarbeiten und seine Botschaften sind von so grundlegender Bedeutung für die Erhaltung unserer Gesundheit, aber auch für die Therapie erkrankter Menschen, dass man sie nicht oft genug lesen kann. Seit Herbst 2014 gibt es sein Buch auch in deutscher Sprache: *Essen gegen Herzinfarkt* (TRIAS Verlag). Esselstyns Botschaft ist einfach und zugleich radikal: Nimm deine Gesundheit selbst in die Hand, ernähre dich rein pflanzlich und ohne zusätzliche Fette!

### Esselstyns Ernährungslehre

Im Grunde geht es bei dieser Ernährungsform nach Esselstyn einfach nur darum, seinen Gesamtcholesterinspiegel auf unter 150 mg/dl zu senken und zu halten. Damit sei man ein Leben lang von Koronarerkrankungen verschont, selbst wenn man raucht, es in der Familie eine Koronarerkrankung gibt, man an Bluthochdruck leidet oder übergewichtig ist. Des Weiteren führt Esselstyn in *Essen gegen Herzinfarkt* (TRIAS Verlag) aus:

»Wir haben gezeigt, dass der Killer Nr. 1 der westlichen Zivilisation durch Ernährung mit einer pflanzenbasierten Kost unschädlich gemacht werden kann. Wir können aber noch viel mehr tun. Wenn sich die Öffentlichkeit auf diesen Ansatz zur Vorbeugung von Krankheit einließe, wenn Millionen Amerikaner ihr ungesundes Essen aufgeben und ein wirklich gesundes Essverhalten erlernen würden, dann könnten wir all diese durch Maßlosigkeit im Essen bedingten Krankheiten – Schlaganfall, Bluthochdruck, Fettsucht, Osteoporose und Typ-II-Diabetes – stark begrenzen. Dabei könnten wir beobachten, wie Krebserkrankungen der Brust, der Prostata, des Dickdarms und Rektums, der Gebärmutter und der Eierstöcke deutlich zurückgingen. Die Medizin könnte ihre Fixierung auf Pillen und invasive Therapieverfahren aufgeben. Vorbeugen statt verzweifelter Operationen würde auf der Tagesordnung stehen.«

Das ist ja alles schön und gut, dachte ich damals, rein pflanzlich ernähre ich mich schon seit 2010, davor knapp 10 Jahre vegetarisch. Ich selbst habe mich mit dieser Ernährungsform von meinem Rheumaleiden befreit. Aber jetzt auch noch Kochen ohne Fett? Ich war zunächst skeptisch, wie das gehen sollte und ob es schmecken würde. – Doch nach über 3-jähriger praktischer Erfahrung im fettfrei kochen respektive mit der Übung, mit so wenig Fett wie nur nötig Gerichte zu zaubern, kann ich Ihnen versichern: Es funktioniert! Und was noch besser ist: Es schmeckt absolut köstlich! Sie werden selbst erleben, welche Fülle an Aromen und Geschmacksnuancen sich Ihnen eröffnen.

Esselstyns bahnbrechende Forschungsarbeit und die Erkenntnisse weiterer Ernährungspioniere werden im hinteren Theorieteil (Seite 129) von Frau Dr. Bracht ausführlicher dargestellt.

## Braten und Kochen ohne Fett: Wie geht das?

Um die Rezepte zuzubereiten, benötigen Sie keine Spezialgeräte wie z. B. einen Dampfgarer oder teure AMC-Töpfe. Sollten Sie im Besitz eines Dampfgarers sein, können Sie ihn natürlich verwenden. Eine Pfanne mit Antihaft-Beschichtung ist aber auf jeden Fall sinnvoll und meist auch in jedem Haushalt vorhanden. Sowohl bei einer Keramik- als auch Teflon- oder Titan-Pfanne, sollten Sie allerdings darauf achten, dass diese PFTE- und PFOA-frei hergestellt worden sind. Gusseiserne Pfannen sind nur sehr bedingt geeignet, Edelstahlpfannen überhaupt nicht. Wir »braten« tatsächlich mit Wasser, Gemüsefond oder gelegentlich in pflanzlicher Milch oder Wein, wobei man hier eher von Dünsten als von Braten sprechen muss.

Diese Flüssigkeiten verhalten sich beim Braten bzw. Dünsten natürlich anders als Fett, weil sie sehr schnell verdampfen. Es gibt aber einen ganz einfachen Trick, wie es dennoch funktioniert: Erhitzen Sie die Flüssigkeit bei mittlerer Hitze, fügen Sie das im Rezept angegebene Bratgut hinzu und gießen Sie etwas Flüssigkeit nach, bevor diese vollständig verdampft ist. Dabei sollte das Bratgut mit einem Pfannenwender in Bewegung gehalten werden. Auch ein Pfannen- oder Topfdeckel verhindert, dass die Flüssigkeit zu schnell verdampft. Es ist wirklich ganz einfach, probieren Sie es aus. Nach wenigen Versuchen wird es zur Routine.

Falls beispielsweise beim Anbraten von Bratlingen, Frikadellen, Pfannkuchen oder Waffeln doch mal ein klein wenig Öl zum Einsatz kommt, ist ein hitzebeständiger Silikon-Pinsel geeignet, um die vorab leicht erhitzte Pfanne mit etwa 1 Teelöffel Öl gleichmäßig einzupinseln.

Mehr Gerätschaften brauchen Sie bei den Rezepten in diesem Buch nicht. Ein Hochleistungsmixer ist bei manchen Rezepten von Vorteil, das hat aber nichts mit der fettfreien Zubereitung zu tun. Zu einer

Digital-Waage rate ich beim Kochen nach Kochbüchern unbedingt!

## Wenn schon Öl – dann welches?

Sofern Öl zum Backen und Kochen doch ausnahmsweise zum Einsatz kommt, empfehle ich ein nicht raffiniertes Öl, das auch bei hohen Temperaturen hitzebeständig ist.

Alle hochwertigen, kalt gepressten Pflanzenöle scheiden damit aus. Diese sind nur bis rund 130–175 °C hitzebeständig. Sie erkennen das daran, dass das Öl in der Pfanne raucht (Rauchpunkt). Sollte Ihnen das passieren, so dürfen Sie darin nichts mehr braten, weil sich Transfettsäuren (Seite 128) gebildet haben, die äußerst gesundheitsgefährdend sind. Das gilt im Übrigen auch für das vielfach und gerne empfohlene Oliven- und Rapsöl!

### Warum ich kein Kokosöl verwende

Ideal sind im Grunde hitzebeständige Fette mit einem hohen Gehalt an leider gesättigten Fettsäuren. Das allseits derzeit so hochgelobte Kokosöl (Seite 123) beispielsweise besteht zu rund 94 % aus gesättigten Fettsäuren. Zum Anbraten und Frittieren ist es sehr gut geeignet! Aber frittiert wird in diesem Buch natürlich nicht. Ansonsten mache ich persönlich um Kokosöl einen sehr großen Bogen.

Wir erinnern uns: Gesättigte Fettsäuren bildet der Körper selbst und zwar in der optimalen Menge, daher ist deren Verzehr wie im Falle des Kokosöls einfach überflüssig. Zwar werden die im Kokosöl enthaltenen mittelkettigen Fettsäuren (MCT-Fette) in der Werbung in den Himmel gelobt. Wer sich mit MCT-Fetten näher befasst, kommt zu dem Ergebnis, dass ein gesunder Mensch definitiv kein MCT-Fett braucht. Es gibt diverse Krankheiten, bei denen Menschen kein Fett mehr verdauen können, z. B. nach Operationen im Magen-Darm-Bereich oder bei Erkrankungen der Bauchspeicheldrüse. Hier ist der Einsatz von MCT-Fetten natürlich sinnvoll, weil diese Menschen keine anderen Fette mehr vertragen. Kokosöl hat allerdings wunderbare antimykotische, antibakterielle und antivirale Eigenschaften. Für die äußerliche Anwendung etwa bei Herpesbefall oder z. B. bei leichtem Fußpilz ist es empfehlenswert.

### Ich empfehle Erdnussöl

Ich verwende ein hochwertiges warm gepresstes Erdnussöl. Erdnussöl ist hitzebeständig bis 230 °C und enthält pro 100 g nur rund 18 g gesättigte Fettsäuren, 48 g einfach ungesättigte Fettsäuren und sogar die essenziellen mehrfach ungesättigten Fettsäuren mit rund 28 g. Da wir in der fettfreien- bis fettarmen Küche ohnehin hitzereduziert dünsten statt braten, ist Erdnussöl ideal. In den Rezepten empfehle ich neben Erdnussöl als Alternative auch Kokosöl. Sollten Sie eine Allergie gegen Erdnüsse haben, können Sie dennoch ein warm gepresstes Erdnussöl verwenden, weil die in den Erdnüssen enthaltenen allergieauslösenden Eiweiße durch die Warmpressung zerstört worden sind. Ein kalt gepresstes Erdnussöl darf nicht erhitzt werden.

### Zum Backen: wenig Mandel- oder Sonnenblumenöl

In Backrezepten wie z. B. für Kuchen habe ich die Fettmenge auf ein Minimum reduziert. Der komplette Verzicht auf Fett in Backrezepten gelingt zwar manchmal, schmeckt aber einfach nicht. Hier verwende ich nicht raffiniertes Mandel-, Erdnuss- oder Sonnenblumenöl. Einen Teil des früher üblichen Fettanteils wird einfach weggelassen oder durch Mandeln, Nüsse und ungesüßtes Apfelmark ersetzt.

Pflanzliche Bio-Margarine als Butterersatz kommt in meinen Rezepten nicht zum Einsatz. Auch bei Bio-Margarine handelt es sich um ein industriell verarbeitetes Produkt aus raffiniertem Öl (meist Palmöl), das ich nicht nur aus gesundheitlichen, sondern insbesondere auch aus ethischen Motiven ablehne (Abholzung der Regenwälder, Vertreibung der Orang Utans etc.).

### Und wenn die Familie/ der Partner nicht mitmacht?

Das ist wirklich das kleinste Problem! Stellen Sie eine Flasche hochwertiges kalt gepresstes Pflanzenöl auf den Esstisch. Wenn Ihre Familie oder Ihr Partner mehr Fett im Essen haben möchte, kann man bei jedem Gericht etwas Öl darüber träufeln. Die Zugabe direkt vor dem Verzehr hat auch noch den Vorteil, dass die hochwertigen Inhaltsstoffe nicht durch vorheriges Erhitzen in Mitleidenschaft gezogen werden.

## Den Bedarf an essenziellen Fettsäuren decken

Und wie deckt man ohne pflanzliche Öle den Bedarf an essenziellen Omega-3- und Omega-6-Fettsäuren? Auch das ist ohne Öl überhaupt kein Problem! Die Lösung sind Ölsaaten: Chiasamen und Leinsamen sind eine optimale Quelle.

Wichtig zu wissen ist auch, dass es auf ein ausgewogenes Verhältnis von Omega-6-Fettsäuren (Linolsäure) zu Omega-3-Fettsäuren (alpha-Linolensäure) ankommt. Das optimale Verhältnis von Omega-6-Fettsäuren zu Omega-3-Fettsäuren liegt bei 2:1 bis 4:1.

Omega-6-Fettsäuren sind bei unserer westlichen Ernährungsweise meist im Übermaß vorhanden durch den Verzehr von Olivenöl, Sonnenblumenöl, Margarine, tierischen Produkten und industriell verarbeiteten Fertigprodukten, die keine verwertbaren Omega-3-Fettsäuren enthalten.

Auch in dieser Hinsicht ist die Ernährung ohne zusätzliches Fett ausgesprochen vorteilhaft, denn je weniger Omega-6-Fettsäuren in Ihrer Ernährung enthalten sind, desto niedriger ist Ihr Bedarf an Omega-3-Fettsäuren.

### Leinsamen und Chiasamen essen

Eine gute Quelle für Omega-3-Fettsäuren sind Leinsamen und Chiasamen. Um an die wertvollen Omega-3-Fettsäuren des Leinsamens und der Chiasamen zu kommen (Resorption im Körper), müssen diese vor dem Verzehr allerdings gemahlen oder zerschlagen werden (z.B. im Mixer). Unsere Verdauungsenzyme aus der Bauchspeicheldrüse (Lipasen) im Dünndarm sind nicht in der Lage, die Schalen der beiden Samenarten aufzubrechen. Übrigens wird die Omega-3-Fettsäurestruktur beim Erhitzen durch Backen oder Kochen so verändert, das sie für den Köper nicht mehr verwertbar ist. Deshalb ist auch darauf zu achten, dass man unerhitzte Rohkostware verwendet, die nicht schon bei der industriellen Verarbeitung über 42 Grad erhitzt worden ist.

Chiasamen und Leinsamen haben viele weitere wertvolle Inhaltsstoffe und Eigenschaften. Als ganze Samen verzehrt, sind sie schleimbildend, was bei empfindlichem Magen wohltuend ist. Außerdem wirken sie bei Darmproblemen abführend.

### Ein Wort zum hoch gelobten Rapsöl

Manche Profiköche schwärmen für Rapsöl und loben dessen günstiges Verhältnis von Omega-6-Fettsäuren zu den essenziellen Omega-3-Fettsäuren. Bei kalt gepresstem Rapsöl ist das der Fall. Kalt gepresstes Rapsöl darf auf gar keinen Fall erhitzt werden und muss nach dem Öffnen wie Leinöl im Kühlschrank aufbewahrt werden, wie schon beschrieben. Bei warm gepresstem Rapsöl, das zum Kochen geeignet ist, sind die Omega-3-Fettsäuren durch Erhitzung bereits bei der Pressung ohnehin so verändert, dass sie vom Körper nicht mehr verwertet werden können. Raps ist darüber hinaus in den meisten Fällen sehr pestizidbelastet, je nach Anbaugebiet sogar auch noch toxisch belastet, wenn z. B. ein Rapsfeld an einer Autobahn liegt. Ich benutze und empfehle es nicht.

## Warum ich nichts von »Low Carb« halte

Low-Carb-Diäten freuen sich derzeit größter Beliebtheit. Immer wieder werde ich gefragt, ob ich nicht mal ein Low-Carb-Kochbuch schreiben könne, weil viele Menschen abnehmen wollen oder sollen.

Da ich fast alle ernstzunehmenden Ernährungsformen an mir selbst ausprobiere, bevor ich darüber urteile, habe ich beispielsweise im Jahr 2009 die sogenannte Metabolic-Balance-Diät (eine vom Heilpraktiker oder Arzt begleitete Low-Carb-Diät) 4 Wochen an mir getestet. Bis auf sehr wenig Obst werden bei dieser Ernährungsform Kohlenhydrate so weit wie nur möglich vermieden.

Ich wollte zwar nicht abnehmen, aber ich wollte wissen, wie es sich in meinem Körper anfühlt, nachdem einige Bekannte von mir von dieser Ernährungsform regelrecht geschwärmt und auch schnell und viel abgenommen haben. Um es kurz zu machen, mein Fazit: Ja, ich wurde satt, aber Sport war während dieser Zeit nicht möglich. Ich hatte einfach keine Kraft und keine Ausdauer. Außerdem bin ich unkonzentriert und nervös geworden, was ich vorher in der Form überhaupt nicht kannte.

Nach 4 Wochen habe ich das Experiment abgebrochen. Am meisten fehlte mir mein Ausdauersport. Sport war während dieser Zeit absolut nicht in der gewohnten Form möglich! Bewegungs-Muffel merken davon natürlich nichts und freuen sich am Gewichtsverlust. Die von der Metabolic-Balance-Diät begeisterten Bekannten beobachte ich seit Jahren dabei, dass ihre Körperfülle im Laufe der Jahre ein regelrechtes Ping-Pong-Spiel ist! Mal sind sie schlank, dann wieder dick, dann wieder schlank, dann wieder dick ... Das liegt daran, dass sie diese Low-Carb-Diät zum schnellen Abnehmen durchführen und anschließend dann wieder in ihre alten und falschen Ernährungsgewohnheiten zurückfallen, wodurch sie dann logischerweise ruckzuck wieder zunehmen (Jo-Jo-Effekt).

Bei der Metabolic-Balance-Diät und vielen anderen Low-Carb-Diäten zum schnellen Abnehmen werden alle Kohlenhydrate einfach über einen Kamm geschoren! Es wird überhaupt nicht differenziert zwischen ungesunden isolierten (einfachen) Kohlenhydraten und vollwertigen (komplexen) Kohlenhydraten. Das ist aber sehr wichtig, wie ich nun erläutern möchte.

## Kohlenhydrate satt – aber nicht alle!

Welche Kohlenhydrate sollten wir meiden und welche dürfen wir reichlich genießen, um uns gesund zu ernähren? Das lässt sich sehr einfach beantworten.

### Meiden oder zumindest stark reduzieren

Alle Lebensmittel, die mit isolierten Kohlenhydraten hergestellt wurden, also alle Produkte aus Weißmehl, wie Brot, Kuchen, Kekse, Pizzateig, Nudeln, und alle Lebensmittel, denen Zucker oder Zuckerersatzstoffe zugesetzt wurden. Auch in weißem (geschältem) Reis sind nur »leere Kohlenhydrate« enthalten, weil die Randschichten mit ihren Mineral- und Ballaststoffen fehlen – also besser auf Naturreis zurückgreifen.

Alle Nahrungsmittel, die Kohlenhydrate in Form von Einfach- oder Zweifachzucker enthalten, sollten ebenfalls gemieden oder stark reduziert werden, weil diese relativ rasch ins Blut aufgenommen werden und so zu einem schnellen Blutzuckeranstieg führen.

- Einfachzucker sind z. B. Fruchtzucker (Fruktose), Traubenzucker (Glukose) und Galaktose (Bestandteil des Milchzuckers).
- Zweifachzucker sind z. B. Rohrzucker (Saccharose), Milchzucker (Laktose) und Malzzucker (Maltose).

Einfach- und/oder Zweifachzucker sind in allen Formen von Süßigkeiten enthalten, selbst wenn sie nicht mit Zucker, sondern mit Honig, Agavendicksaft, Apfelsüße, Kokosblütenzucker, Ahornsirup usw. gesüßt werden.

### Es gibt keine gesunden Süßigkeiten!

Auch wenn uns diverse Zuckerersatzstoff-Hersteller das gerne vermitteln wollen. Leider bieten auch als »gesund« angepriesene Zuckeraustauschstoffe wie z. B. brauner Zucker, Agavendicksaft, Apfelsüße, Kokosblütenzucker keinerlei gesundheitliche Vorteile. Ich bin seit 15 Jahren zuckerentwöhnt. Zucker führt leider zu einer Sucht und es ist für viele bedauerlicherweise gar nicht einfach, sich den täglichen Süßhunger zu verkneifen! Ab und zu soll man sich das Leben auch mit Nascherei versüßen dürfen, das ist ja auch überhaupt nicht die Frage. Problematisch ist es nur, wenn es zur täglichen Gewohnheit geworden ist.

### Gern reichlich: vollwertige, komplexe Kohlenhydrate

Vollwertige komplexe Kohlenhydrate sind z. B. in Vollkornnudeln, Vollkornreis, Vollkornbrot, Kartoffeln, Pseudo-Getreide, wie z. B. Hirse, Buchweizen und Quinoa, frischem Obst und vielen Gemüsesorten enthalten. Der große Vorteil dieser hochwertigen Kohlenhydrate (Vielfachzucker) ist der, dass unser Körper länger braucht, um diese langkettigen Kohlenhydrate in Zuckermoleküle (Glukose) aufzuspalten. Nach dem Verzehr einer Vollkornmahlzeit steigt der Blutzuckerspiegel daher nur langsam und auch nicht so hoch an. Das ist wichtig, weil das extreme Auf und Ab des Blutzuckerspiegels zu Süßhunger und übermäßigem Verzehr und letztlich auch zur Insulinresistenz (Seite 119) führt (dem Wegbereiter für Diabetes).

Die wertvollen Vielfachzucker sind z. B. pflanzliche Stärke aus Vollkornprodukten, Kartoffeln etc. und Ballaststoffe aus Gemüse und Obst. Komplexe Kohlenhydrate halten uns durch den langsamen Abbau im Körper lang anhaltend und zufrieden satt! Es sind Kraftpakete, die uns unsere Energie für hervorragende körperliche und geistige Leistung geben und unseren Körper somit gesund halten. Wie lecker Gerichte aus vollwertigen Kohlenhydraten schmecken, können Sie im Rezeptteil dieses Buches entdecken.

## Womit kann man »gesund« süßen?

Im Grunde gibt es außer der natürlichen Süßkraft von frischen Früchten und schonend verarbeiteten Trockenfrüchten in Rohkostform (unter 42 °C erwärmt) keine wirklich gesunde Süße. Einen hochwertigen Honig halte ich noch für die gesündeste Variante, auch wenn seine kostbaren Inhaltsstoffe beim Erhitzen über 42 °C weitestgehend zerstört werden. Honig hat eine hohe Süßkraft! Im Vergleich zu gewöhnlichem Haushaltszucker etwa das 1,5-Fache. In meinen Rezepten führe ich den Honig aus ethischen Gründen nicht als Zutat auf. Wenn Sie einen Imker kennen, der seinen Honig so produziert, dass die Bienen nicht ausgebeutet werden oder der Honig nicht mit anderen Zutaten »gepanscht« wird, sehe ich in der Verwendung von Honig jedoch eigentlich kein Problem. Problematisch ist heutzutage auch eine mögliche Glyphosat-Belastung in Honig.

### Ahornsirup

Ich empfehle in meinen süßen Rezepten z. B. die Verwendung von Ahornsirup. Ich behaupte nicht, dass Ahornsirup »gesund« ist, aber ich halte ihn in guter Qualität für ein akzeptables Produkt, um zu süßen. Ahornsirup entsteht, wenn man einen meist in Kanada heimischen Ahornbaum anzapft, dessen Saft einkocht und abfüllt. Für 1 Liter Sirup benötigt man etwa 40 Liter Baumsaft. Es handelt sich also um ein relativ naturbelassenes Produkt, dem nichts weiter beigefügt wird.

Allerdings kann Ahornsaft in Europa oder China durchaus auch gepanscht oder mit Zuckerwasser verdünnt sein, da der Begriff nicht geschützt ist. Beim Kauf sollten Sie daher auf hochwertige Bio-Marken zurückgreifen, die auch tatsächlich 100 % reinen Ahornsirup garantieren.

### Dattelsirup

Empfehlenswert ist aus meiner Sicht auch Dattelsirup, den man mit eingeweichten, getrockneten Datteln oder frischen weichen Früchten selbst herstellen kann. Da man die Datteln im Mixer mit Wasser püriert, ist auch hier die Süßkraft leider nicht so hoch wie bei Zucker und Honig. Wenn man Zucker benutzt, sollte man auf jeden Fall darauf achten, dass er nicht raffiniert ist. Zwischenzeitlich gibt es im Handel auch Kokosblütenzucker oder Dattelzucker aus getrockneten Datteln. Diese Produkte haben eine recht hohe Süßkraft, sodass man zum Süßen weniger benötigt als z. B. vom Ahornsirup. In Backwaren benutze ich Dattelzucker oder Kokosblütenzucker gelegentlich auch.

Ich bin kein Freund von Zuckerersatzstoffen, wie z. B. Xylit und Stevia, die stark süßen, aber keine oder kaum Kalorien haben. Über deren gesundheitlichen Wert möchte ich nicht urteilen. Ich bevorzuge und empfehle eben, sich generell vom Süßhunger möglichst durch Meiden zu befreien. Und das schafft man mit diesen Produkten eben nicht. Süßes sollte aus meiner Sicht besonderen Gelegenheiten und Feiern vorbehalten sein und nicht zur täglichen Grundnahrung gehören.

## Eiweiß: der Grundbaustein allen Lebens

Eiweiß dient uns im Vergleich zu Kohlenhydraten und Fetten weniger zur Energiegewinnung, sondern in erster Linie als Grundbaustein, um Muskulatur aufzubauen, für die Zellteilung, zum Aufbau von Nägeln, Haaren und unserem größten Organ, der Haut. Die Grundbausteine von Eiweiß sind die Aminosäuren. Von etwa 20 in den Nahrungseiweißen vorkommenden Aminosäuren sind 8 essenziell, d. h. sie müssen über die Nahrung zugeführt werden. Die restlichen 12 bildet der Körper selbst.

Sehr oft werde ich gefragt, wie ich meinen Eiweißbedarf durch pflanzliches Essen überhaupt decken kann. Die meisten denken beim Eiweißbedarf an ihren Konsum von Fleisch, Fisch, Käse und anderen Milchprodukten und fragen sich, wie sie diese Mengen auf pflanzlicher Basis erreichen sollen. Die traurige Wahrheit ist allerdings, dass die meisten Menschen heute viel zu viel – vor allem tierisches – Eiweiß zu sich nehmen. Dies führt erwiesenermaßen zu fast allen unseren heutigen Zivilisationskrankheiten.

Ein Erwachsener benötigt täglich tatsächlich nur ca. 0,8 g Eiweiß pro kg Körpergewicht. Dieser Bedarf lässt sich auf pflanzlicher Basis sehr leicht decken. Insbesondere Hülsenfrüchte und (Voll-)Getreide enthalten sehr viel wertvolles Eiweiß, selbst Obst und Gemüse enthalten Eiweiß. Im Vergleich zu tierischem Eiweiß schadet ein Zuviel an pflanzlichem Eiweiß erfreulicherweise überhaupt nicht. Das liegt unter anderem daran, dass pflanzliches Eiweiß einerseits cholesterinfrei ist, zum anderen ist es basisch, d. h. beim Abbau im Körper bleibt pflanzliches Eiweiß im basischen Milieu, während tierisches Eiweiß beim Abbau den Körper übersäuert.

Also, keine Sorge, einen Eiweißmangel haben Sie bei ausgewogener, rein pflanzlicher Kost nicht zu befürchten!

## Noch einige Hinweise zu den Rezepten

Meine Rezepte sind, wenn nichts anderes dabei steht, für 2 Personen. Angaben der Portionsmenge sind immer schwierig, weil der Appetit der Menschen unterschiedlich ist. Meine Testköchin Dagmar und mein Testkoch Jürgen, denen ich hiermit herzlich danke, haben familiär bedingt beide für 3 Personen gekocht. Während bei Jürgens Familie meine Rezepte für 2 Personen immer für 3 Personen gereicht haben, hat Dagi meine Rezeptangaben immer verdoppelt, was dann für 3 Personen gereicht hat. Mein Mann und ich sind gute Esser und ich meine, dass die Rezepte für 2 Personen sehr gut reichen. Und falls doch etwas übrig bleibt, kann man sich am nächsten Tag noch über Reste freuen.

**Pflanzenmilch und Pflanzensahne:** Ich verwende statt Kuhmilch oder -sahne die pflanzlichen Alternativen, also Pflanzenmilch oder -sahne. Falls nicht anders angegeben, können Sie ganz nach Ihrem Geschmack ungesüßten Soja-, Reis- oder Haferdrink bzw. Sojasahne oder andere Pflanzensahne verwenden.

**Gemüsebrühe:** Wenn von Gemüsebrühe die Rede ist, dann ist damit eine Gemüse-Instant-Brühe in Pulverform ohne Hefeextrakt, vorzugsweise in Bio-Qualität, gemeint, die Sie in kaltem oder gekochtem Wasser auflösen können. Besser wäre es natürlich, Gemüsebrühe aus frischem Gemüse selbst herzustellen, die man auch portionsweise einfrieren kann. Aber dafür hat man im Alltag meistens leider keine Zeit.

**Pfeffer:** Wenn als Rezeptzutat Pfeffer angegeben ist, dann meine ich generell frisch gemahlenen schwarzen Pfeffer aus einer Pfeffermühle. Im Handel können Pfefferkörner heutzutage bereits in einer Einweg-Mühle verpackt günstig gekauft werden.

**Backofen vorheizen:** Ich empfehle, die Rezepte vor der Zubereitung ganz durchzulesen, damit es nicht zu Überraschungen kommt, wie z. B. dass Sie den Backofen nicht vorgeheizt haben. Da manche Backöfen heutzutage in 5 Minuten eine Temperatur von 230 °C erreicht haben, andere hingegen dazu bis zu 30 Minuten brauchen, habe ich im Rezepttext darauf verzichtet anzugeben, bei welchem Arbeitsschritt Sie den Backofen vorheizen sollen.

**Waschen, schälen:** Um Sie nicht unnötig mit allzu viel Text zu erschlagen, habe ich darauf verzichtet, Arbeitsschritte, die eigentlich selbstverständlich sein sollten, jedes Mal aufzuführen. Damit meine ich das gründliche Waschen und Putzen von Gemüse, Obst und Salat sowie das Entfernen von Stielen, Kernen oder anderen nicht verzehrbaren Teilen. Karotten, Gurken oder Kartoffeln in Bio-Qualität schäle ich nie, denn in und direkt unter der Schale sitzen die meisten Vitalstoffe. Wenn im Rezept also steht: »eine Zwiebel fein würfeln«, gehe ich davon aus, dass Sie diese zunächst schälen. Ich denke, wir verstehen uns.

Die Mengenangaben von Gewürzen und Kräutern in den Rezepten sind Richtwerte. Aroma und Würzkraft von Gewürzen und Kräutern ist eine Frage der Qualität. Getrocknete Kräuter sind durch den Wasserentzug beim Trocknen intensiver als frische Kräuter. Passen Sie die Mengen daher eventuell Ihren persönlichen Wünschen beim Abschmecken der Gerichte an.

Nun wünsche ich Ihnen gutes Gelingen und viel Genuss beim Ausprobieren meiner Rezepte! Ich freue mich auch, wenn es mir gelingt, Sie zu inspirieren, Ihre bisherigen Lieblingsrezepte ohne zusätzliches oder nur mit der nötigsten Fettmenge zuzubereiten.

Ihre Gabriele Lendle

# Leckere No-Fat-Rezepte

Jetzt kommt grüne Pflanzenpower auf Ihren Teller! Voller Lebenskraft und reich an Vitalstoffen – natürlich herzgesund und ohne zugesetzte Fette. Freuen Sie sich auf reichhaltige Aromen und Geschmackserlebnisse.

# KLEINIGKEITEN

»Kein Käse, keine Wurst, keine Butter – was bitte tust du dir aufs Brot?«, wurde ich schon ungläubig gefragt. Hier meine Antwort: »Ganz einfach, leckere pflanzliche Brotaufstriche!« Am besten immer selbst gemacht und nicht fertig gekauft! Die köstlichen veganen Pasten, die Sie hier kennenlernen, sind auch super zum Dippen von Gemüse oder mal zum Mitnehmen ins Büro, zur Schule, in die Uni oder zum Picknick geeignet.

Auf den nächsten Seiten finden Sie auch Frühstücksideen wie Porridges oder Smoothies, die sich natürlich ebenfalls als kleine Zwischenmahlzeit oder als Dessert eignen. Rezepte wie gedünsteter Apfel oder rohköstliche Marmelade passen zu jeder Tageszeit bei Gelüsten nach etwas Süßem.

Ich freue mich, wenn meine Rezepte Sie dazu inspirieren, selbst kreativ zu werden und zu experimentieren.

◂ Heidelbeer-Banane-Porridge, Seite 22

Fürs Frühstück oder als Snack

## Heidelbeer-Banane-Porridge

Für 2 Personen
⏱ 10 Min.

8 EL Haferflocken • 400 ml Wasser • 1 Msp. Salz • 125 g Heidelbeeren • 1 kleine Banane • ½ Orange • 2 EL Sojajoghurt • 2 EL Ahornsirup (oder mehr, nach Belieben) • ca. 10 Pfefferminzblättchen • 1–2 EL gehackte Walnüsse (oder andere Nüsse)

● Haferflocken mit Wasser und Salz kurz aufkochen und zugedeckt auf der Herdplatte 5 Min. ziehen lassen.

● Heidelbeeren in einem Sieb waschen, Banane schälen und in feine Scheiben schneiden, die Orange zu Saft pressen. Die Früchte mit dem Sojajoghurt, dem Orangensaft und dem Ahornsirup unter den Porridge heben.

● Pfefferminzblättchen und Walnüsse fein hacken. Porridge in 2 Schüsseln verteilen und mit Pfefferminze und Walnüssen bestreut warm servieren.

Fruchtiges Frühstück

## Erdbeer-Hanf-Porridge

Für 2 Personen
⏱ 10 Min.

8 EL Haferflocken • 400 ml Wasser • 1 Msp. Salz • 2 EL Zitronensaft • 250 g Erdbeeren • einige Blättchen Pfefferminze (oder Zitronenmelisse) • 1–2 EL Ahornsirup (nach Belieben) • 2 TL Hanfnüsse, geschält

● Haferflocken mit Wasser, Zitronensaft und Salz aufkochen, Herd ausschalten und bei geschlossenem Deckel noch 5 Min. ziehen lassen.

● Erdbeeren in kleine Stücke schneiden, die Pfefferminzblättchen fein hacken und mit dem Ahornsirup unter den Porridge rühren.

● In 2 Schalen füllen und mit Hanfnüssen bestreut warm servieren.

Köstliches Dessert

## Hirse-Pudding mit Himbeeren

Für 4 kleine Portionen
⏱ 10 Min. + 20 Min. Quellzeit + mind. 1 Std. Kühlzeit

75 g Goldhirse • 500 ml Cashewmilch (oder Macadamia-Milch) • 1 Vanilleschote • 1 EL gemahlene Mandeln • 4 EL Ahornsirup (oder nach Belieben) • 1 Msp. Salz • 250 g frische Himbeeren (oder TK) • 1–2 EL Mandelblättchen

● Hirse fein mahlen. Cashewmilch in einem Topf zum Kochen bringen, Hirse einrieseln lassen, mit dem Schneebesen unterrühren und zum Kochen bringen. Ohne Hitzezufuhr bei geschlossenem Deckel 20 Min. ausquellen lassen.

● Vanilleschote längs aufschlitzen und das Mark herauslösen. Zusammen mit den Mandeln, dem Ahornsirup und dem Salz kurz vor Ende der Garzeit unterrühren.

● Den Pudding in kalt ausgespülte Förmchen füllen und mindestens 1 Stunde kühl stellen.

● Zum Servieren den Pudding auf Teller stürzen, Himbeeren mit etwas Wasser aufkochen und über den Pudding geben. Mit Mandelblättchen bestreut servieren.

Frühstück, Dessert oder Snack
## Inka-Porridge

Für 2 Personen
⊙ 35 Min. + 12 Std. Einweichzeit

100 g Amaranth-Samen (ungepoppt) • 3–4 Datteln (nach Belieben) • 250 ml ungesüßte Pflanzen- oder Mandelmilch • ½ Vanilleschote (ersatzweise ½ TL Vanillepulver) • 1 Msp. Salz • 2 TL Pflanzenjoghurt (z. B. Sojajoghurt) • 2 TL Marmelade (z. B. Quitte) • 1 TL Mohn (optional)

● Amaranth 12 Stunden in reichlich Wasser einweichen. In einem feinmaschigen Sieb abseihen und mit frischem Wasser waschen.

● Datteln sehr fein hacken, Vanilleschote längs aufschlitzen und das Mark herausschaben. Amaranth und Dattelstücke mit der Pflanzenmilch aufkochen, Hitze reduzieren und zugedeckt 30 Min. leise köcheln lassen. Vanillemark und Salz unterrühren und noch etwas nachquellen und abkühlen lassen.

● Den Porridge in 2 Gläser füllen, jeweils einen Klecks Pflanzenjoghurt und Quittenmarmelade obendrauf setzen und mit Mohn bestreut servieren.

**Variante** Schmeckt auch mit beliebigen frischen Früchten.

Mit Pflaumen-Vanille-Sauce
## Gedünsteter Apfel

Für 2 Personen
⊙ 10 Min.

2 Äpfel (süße Sorte) • 5 getrocknete Pflaumen • 2 Datteln • 200 ml ungesüßte Pflanzenmilch (oder Mandelmilch) • ½ TL Vanillepulver • einige Pfefferminzblättchen (frisch oder getrocknet)

● Äpfel halbieren, Kerngehäuse mit einem Apfelstecher entfernen und in einem geschlossenen Topf mit ca. 1 cm Wasser befüllt etwa 5–10 Min. weich dünsten.

● Pflaumen und Datteln in feinste Würfelchen schneiden und mit der Pflanzenmilch 3 Min. leise köcheln lassen. Vanillepulver unterrühren und die Sauce im Mixer oder mit einem Stabmixer cremig pürieren.

● Jeweils 2 Apfelhälften auf 2 Tellern mit der Sauce anrichten und mit Pfefferminzblättchen bestreut servieren.

**Variante** Anstelle von Äpfeln eignen sich auch nicht zu reife Birnen.

Gartenfrischer Genuss
## Rohköstliche Marmelade

Für 1 kleines Schraubglas
⊙ 10 Min.

250 g frische Früchte (z. B. Erdbeeren, Brombeeren, Himbeeren, Heidelbeeren oder gemischt) • 15 g Chiasamen (ganz oder frisch vermahlen) • 1 EL Ahornsirup (nach Belieben bzw. je nach Eigensüße der Früchte)

● Früchte waschen und mit den Chiasamen und dem Ahornsirup im Hochleistungsmixer oder mit einem Stabmixer fein pürieren.

● In ein steriles Schraubglas füllen und mindestens 2 Stunden in den Kühlschrank zum Gelieren stellen. Je nach Reifegrad der Früchte ist der Aufstrich 1–2 Wochen haltbar. Für eine längere Haltbarkeit kann der Aufstrich auch eingefroren werden.

**Tipp** Chiasamen haben die Eigenschaft etwa das 15-Fache an Feuchtigkeit zu binden. Der Vorteil an frisch vermahlenen Chiasamen im Vergleich zu ganzen Samen ist, dass man die wertvollen Omega-3-Fettsäuren resorbieren kann.

## Morgenstart-Smoothie

*Mit Pflanzenpower in den Tag*

Für 2 Personen
⏱ 5 Min.

1 große Orange • 130 g frischer Blattspinat (inkl. Stängel) • 2 kleine reife Bananen • 5 EL Haferflocken • 1 EL Chiasamen (vorzugsweise frisch gemahlen) • ca. 100 ml Wasser

● Mit einem scharfen Messer die Schale der Orange wegschneiden und möglichst viel von der weißen Haut mitverwenden, da diese viele wertvolle Ballaststoffe enthält.

● Blattspinat waschen, Banane schälen und zusammen mit den übrigen Zutaten im Hochleistungsmixer cremig-schaumig mixen. In 2 Gläser füllen und servieren.

## Omega-3-Power-Smoothie

*Super gesund!*

Für 2 Personen
⏱ 5 Min.

1 kleine reife Mango • 1 Banane • 80 g grüne Blattsalate (z. B. Rucola oder Postelein) • ¼ Bund Petersilie (oder Koriander) • 2 EL fein gemahlene Leinsamen (oder Chiasamen) • 3 EL Haferflocken • 2 Datteln ohne Stein (oder mehr) • 1 EL Zitronensaft • 150 ml Wasser (nach Belieben)

● Mango und Banane schälen und zusammen mit dem gewaschenen Blattsalat und der Petersilie, den Leinsamen, Chiasamen, Haferflocken, Datteln, dem Zitronensaft und dem Wasser im Hochleistungsmixer cremig-schaumig mixen.

● In 2 Gläser füllen und am besten mit dem Löffel genießen und dabei gut einspeicheln.

**Tipp** Für die optimale Omega-3-Fettsäure-Aufnahme sollten die Leinsamen oder Chiasamen vor dem Verzehr frisch vermahlen werden. Falls Sie keine Möglichkeit haben, die Samen frisch zu mahlen, kann auch 1 Teelöffel Leinöl genommen werden.

## Pfälzer Veggie-Leberwurst

*Besser als das Original!*

Für etwa 400 g
⏱ 10 Min. + 15 Min. Quellzeit

2 Zwiebeln (120 g) • 1 Knoblauchzehe (optional) • 100 g Grünkern, geschrotet • 150 ml Gemüsebrühe • 100 g Naturtofu • 3 EL Majoran, getrocknet • 1 gestr. TL Thymian • 1 gestr. TL Koriander, gemahlen • 1 gestr. TL Salz • ½ TL schwarzer Pfeffer • 1 TL feinstes Olivenöl (optional)

● Zwiebeln und Knoblauch fein hacken und in einer beschichteten Pfanne mit wenig Wasser bei mittlerer Hitze etwa 3 Min. dünsten, bis alle Flüssigkeit verdampft ist.

● Grünkern unterrühren und mit Gemüsebrühe aufkochen, Herd ausschalten und zugedeckt 15 Min. ausquellen lassen. Tofu zerbröckeln, mit dem Stabmixer pürieren.

● Grünkern und Tofu mit den Gewürzen und ggf. 1 Teelöffel Olivenöl in einer Schüssel von Hand verkneten. Mit den Gewürzen bei Bedarf nochmals lecker abschmecken. In sterilen Schraubgläsern ist der Aufstrich mindestens 4 Tage haltbar.

» Morgenstart-Smoothie

Arabischer Klassiker in fettarm

## Hummus mit gerösteten Sesam

Für etwa 500 g
⏱ 15 Min.

3 gehäufte EL Sesam • 2 Schalotten (oder 1 Zwiebel) • 1–2 Knoblauchzehen • ca. 150 ml Gemüsebrühe • 1 große Zitrone • 300 g gegarte Kichererbsen (oder 150 g Trockenware, nach Packungsanleitung zubereitet) • 1–2 EL Tahin (Sesampaste) • 1 gestr. TL Kreuzkümmel, gemahlen • 1 gestr. TL Paprika, edelsüß • 1 Msp. Chilipulver • 1 EL Ahornsirup • Salz • Pfeffer • 1 EL feinstes Olivenöl (optional) • ¼ Bund frischer Koriander (oder Petersilie)

● Sesam in einer Pfanne ohne Fett rösten und etwas abkühlen lassen. Schalotten und Knoblauch fein hacken und in ein wenig Gemüsebrühe 3 Min. dünsten. Zitrone zu Saft pressen.

● Alle Zutaten außer dem frischen Koriander fein pürieren und mit den Gewürzen ggf. nochmals lecker abschmecken.

● Koriander fein hacken und unterheben. Zum Aufbewahren in sterile Schraubgläser füllen. Das Hummus ist im Kühlschrank 4–5 Tage haltbar.

◂ Tomaten-Aprikosen-Chutney

Mit feiner asiatischer Note

## Ingwer-Curry-Aufstrich

Für etwa 350 g
⏱ 15 Min.

1 Zwiebel • 1 Knoblauchzehe • 1 kleines Stück Ingwer • ½ TL Schabzigerklee (falls vorhanden) • ½–1 TL Salz • 1–2 Msp. Chilipulver • ¼ TL Curry • 1–2 Msp. Koriander, gemahlen • 1–2 Msp. Kreuzkümmel • 1 TL Zitronensaft • 150 g Seidentofu • 150 g Tofu Natur

● Zwiebel, Knoblauch und Ingwer sehr fein hacken. Vom Ingwer benötigen Sie etwa 2 Teelöffel. Diese Zutaten in einer Pfanne mit wenig Wasser ca. 3 Min. unter gelegentlichem Wenden dünsten, bis das Wasser verdampft ist. Etwas abkühlen lassen, die Gewürze und den Zitronensaft unterrühren.

● Seidentofu und Tofu in einem hohen Gefäß mit dem Stabmixer fein pürieren, den Pfanneninhalt hinzufügen und kurz mitpürieren. Kühl stellen. Der Aufstrich ist im Kühlschrank mindestens 4 Tage haltbar. Am Besten in sterile Schraubgläser füllen.

Vielseitig verwendbar

## Tomaten-Aprikosen-Chutney

Für 350–400 g
⏱ 25 Min.

300 g Tomaten • 50 g Pflaumen, getrocknet • 50 g Aprikosen, getrocknet • 15–20 g frischer Ingwer • 150 ml Apfelsaft • 2 cm Zimtstange • 1 TL Senfkörner • 1 TL Fenchelkörner • 1 TL Pimentkörner, zerstoßen • 2 ganze Sternanis • 2 Nelken • 1–2 TL Ahornsirup • ca. 1 EL Zitronensaft • Salz • Pfeffer

● Tomaten häuten und in kleine Würfel schneiden. Pflaumen und Aprikosen in feinste Würfelchen schneiden. Ingwer schälen und sehr fein hacken oder reiben.

● Wenig Apfelsaft in einer Pfanne erhitzen, den Ingwer zusammen mit den Gewürzen 5 Min. unter gelegentlichem Wenden dünsten, dabei etwa 60 ml Apfelsaft nach und nach dazugeben, bis alle Flüssigkeit verdampft ist. Zimtstange, Nelken und Sternanis herausfischen und entsorgen.

● Tomaten, Trockenfrüchte und restlichen Apfelsaft unterrühren, etwa 5 Min. ohne Deckel einköcheln lassen und mit Ahornsirup, Zitronensaft, wenig Salz und Pfeffer abschmecken.

## Lecker aufs Brot
# Kräuter-Sesam-Aufstrich

Für ca. 350 g
⏱ 15 Min.

1 Zwiebel • 5 EL Tahin (Sesampaste) • 10–12 EL Wasser • 1 Knoblauchzehe • 1 EL Zitronensaft • 1–2 TL Senf, mittelscharf • 5 EL frische gehackte Kräuter (z. B. Rosmarin, Thymian, Oregano, Basilikum, Salbei; alternativ 3–4 TL getrocknete Kräuter) • ca. 1 TL Salz • schwarzer Pfeffer • 1 Msp. Harissa oder Chilipulver • 1–2 TL Ahornsirup

● Zwiebel fein hacken und in wenig Wasser in einer beschichteten Pfanne unter Wenden etwa 2–3 Min. andünsten und etwas abkühlen lassen.

● Tahin in eine Schüssel geben und das Wasser nach und nach mit einem Esslöffel behutsam unterrühren, bis eine homogene Masse entsteht.

● Knoblauch fein hacken und mit den übrigen Zutaten unter die Masse rühren. Mindestens 1 Stunde im Kühlschrank durchziehen lassen, dabei wird die Masse auch wieder fester. In einem verschlossenen sterilen Schraubglas ist der Aufstrich im Kühlschrank etwa 1 Woche haltbar.

## Lupineneiweiß: 1a Fleischersatz
# Lupinen-Paste

Für etwa 350 g
⏱ 15 Min. + etwa 30 Min. Quellzeit/Kühlzeit

100 g Lupinenschrot • 200 ml Gemüsebrühe • 2 Schalotten • 1 Knoblauchzehe • 2–3 EL frische fein geschnittene Kräuter (z. B. Basilikum, Oregano, Thymian) oder 2 TL getrocknete Kräuter • 2 EL Tomatenmark • Salz • Pfeffer • 1 Msp. Cayennepfeffer • 1–1½ TL Senf • 1 TL Zitronensaft • 1–2 EL feinstes Olivenöl (optional)

● Lupinenschrot mit kochender Gemüsebrühe übergießen, umrühren und etwa 30 Min. quellen und abkühlen lassen.

● Schalotten und Knoblauch fein hacken. Kräuter fein hacken. Alle Zutaten verrühren und ggf. nochmals mit den Gewürzen abschmecken.

**Tipp** Getrocknete Kräuter sind durch den Wasserentzug geschmacklich immer intensiver als frische Kräuter. Deshalb benötigen Sie von getrockneten Kräutern immer weniger als von frischen Kräutern.

## Sehr beliebt!
# Rote-Linsen-Aufstrich

Für etwa 400 g
⏱ 15 Min.

100 g rote Linsen • 1 Knoblauchzehe • 1 Zwiebel • ½ TL Oregano • ½ TL Thymian • 2 EL Tomatenmark • 1 TL Zitronensaft • 1 TL Senf • 1 Msp. Chilipulver oder Harissa • ca. 1 TL Salz • schwarzer Pfeffer

● Linsen entsprechend der Packungsanleitung garen, was ca. 10 Min. dauert.

● Knoblauch und Zwiebel fein hacken. Zwiebel in einer beschichteten Pfanne mit wenig Wasser etwa 3 Min. dünsten.

● Alle Zutaten in einer Schüssel vermengen und abkühlen lassen. In einem verschlossenen, sterilen Schraubglas ist der Aufstrich im Kühlschrank etwa 1 Woche haltbar.

Mein persönlicher Favorit!
## Tomaten-Mandel-Aufstrich

Für ca. 250 g
🕐 10 Min. + 15 Min. Einweichzeit

75 g getrocknete Tomaten • 1 Knoblauchzehe • 40 g gemahlene Mandeln • 60 g gegarte weiße Bohnen • 1–2 TL Zitronensaft • ¼ TL getrockneter Thymian • ¼ TL getrockneter Oregano • 1 Msp. Salz • Pfeffer • ca. 10 Blätter Basilikum

● Getrocknete Tomaten in ca. 100 ml kochendem Wasser 15 Min. zugedeckt einweichen. Knoblauch fein hacken.

● Tomaten mit einer Gabel aus dem Einweichwasser nehmen (Einweichwasser aufbewahren!) und zusammen mit allen Zutaten außer dem Basilikum mit dem Stabmixer zu einer cremigen Paste verarbeiten, dabei je nach gewünschter Konsistenz mehr oder weniger von dem Einweichwasser hinzufügen.

● Basilikum fein hacken und unter die Creme heben. Mindestens 1 Stunde im Kühlschrank durchziehen lassen.

**Tipp** Wenn Sie getrocknete »Soft-Tomaten« kaufen, brauchen Sie diese nicht einzuweichen.

Aufs Brot, für Wraps oder als Dip
## Brokkoli-Linsen-Paste

Für ca. 350 g
🕐 ca. 30 Min.

1 kleiner Brokkoli (400 g Brokkoliröschen netto) • 200 g kleine braune Linsen • 1 Knoblauchzehe • 1 Zwiebel • 1 Peperoni • ½ Bund Petersilie • 2 EL Sesampaste (Tahin) • 1–1½ TL Kreuzkümmel • 1 TL Paprika, edelsüß • 2–3 TL Zitronensaft • ca. ½ TL Salz • 1 TL Dijon-Senf

● Brokkoliröschen in Salzwasser mindestens 5 Min. blanchieren, bis auch die härteren Stil-Ansätze so weich sind, dass sie sich mit einer Gabel zerdrücken lassen. Abseihen, kalt abschrecken und gut abtropfen lassen.

● Linsen gemäß Packungsanleitung ohne Salz weich garen. Knoblauch und Zwiebel fein hacken und in einer Pfanne mit wenig Wasser ca. 3 Min. dünsten und abkühlen lassen. Peperoni in feine Ringe schneiden, Petersilie fein hacken.

● Alle Zutaten gut durchpürieren, mit den Gewürzen ggf. abschmecken und mindestens 1 Stunde im Kühlschrank ziehen lassen. In einem verschlossenen Schraubglas hält sich der Aufstrich im Kühlschrank mindestens 3 Tage.

Toll zu gedünstetem Gemüse
## Cashew-Frischkäse

Für etwa 250 g
🕐 10 Min. + min. 3 Std. Einweichzeit

200 g Cashewkerne • 2 Schalotten (oder 1 Zwiebel) • 1 Bd. frische gemischte Kräuter (oder 1 Bund Schnittlauch) • 2 EL Zitronensaft • Salz • Pfeffer

● Cashewkerne mindestens 3 Stunden oder über Nacht in Wasser einweichen. Cashewkerne abseihen und mit dem Pürierstab cremig mixen.

● Schalotten sehr fein hacken und in wenig Wasser in einer beschichteten Pfanne 2–3 Minuten dünsten. Kräuter sehr fein hacken und zusammen mit der gedünsteten Schalotte unter die Cashew-Creme heben.

● Mit Zitronensaft, Salz und Pfeffer lecker abschmecken und im Kühlschrank noch ein wenig durchziehen lassen.

# ZUM SATTWERDEN

Die meisten Menschen können sich überhaupt nicht vorstellen, wie köstlich man auf rein pflanzlicher Basis essen kann! Das Erstaunen meiner Freunde, Bekannten und Kollegen darüber war auch die Geburt meines ersten Kochbuches *Ab jetzt VEGAN*, das 2012 beim TRIAS Verlag erschienen ist.

Viele stellen sich ihren täglichen Hauptspeiseteller kärglich vor, weil sie in Gedanken alles vom Teller streichen, was runter müsste: Fleisch, Fisch, Käse, Eier … ja, zugegeben, da bliebe oft nicht mehr viel übrig.

Was bleibt, sind Nudeln, Reis, Kartoffeln, Pizza oder Pseudo-Getreide wie z. B. Hirse, Hülsenfrüchte (Linsen, Kichererbsen, Bohnen usw.) – wunderbar neu kombiniert mit Gemüsen der Saison, Kräutern oder z. B. Käseersatz auf Cashewbasis.

Nein, handelsüblichen Käse-, Fleisch- oder Wurstersatz, der uns suggeriert, dass wir zumindest optisch noch dasselbe essen wie früher, brauchen wir in der pflanzlichen gesunden Küche überhaupt nicht.

Lassen Sie sich von meinen Rezeptvorschlägen verwöhnen und inspirieren. Ich verspreche Ihnen, Sie werden auch ohne Fleisch, Fisch, Käse und zusätzliche Öle wunderbar satt und sowohl körperlich als auch geistig leistungsfähiger als je zuvor!

◁ Quiche mit Rosenkohl, Süßkartoffeln und Orange, Seite 32

Als Belag passen auch andere Gemüse der Saison
# Quiche mit Rosenkohl, Süßkartoffeln und Orange

Für 1 Spring- oder Quiche-Form (28 cm)
⏲ 40 Min. + ca. 25 Min. Backzeit

Für den Teig: 230 g Vollkornmehl • ½ TL Salz • 150 g Apfelmark, ungesüßt
Für den Belag: 300 g Süßkartoffeln • 300 g Rosenkohl • 2 EL Vollkorn-Semmelbrösel • 40 g Nüsse gehackt
Für die Sauce: 150 g Seidentofu • 150 ml Pflanzenmilch, ungesüßt • 2 EL Vollkornmehl • ¼ TL Kurkuma • ¼–½ TL Salz • 2 Msp. Pfeffer • 1–2 Msp. Muskat
Für die Garnitur: ¼ Bund Petersilie • 1 Orange (optional)

● Mehl und Salz in einer Schüssel mischen, Apfelmark hinzufügen und mindestens 5 Min. kneten. Teig in Frischhaltefolie wickeln und in den Kühlschrank legen.

● Süßkartoffeln in Salzwasser je nach Größe etwa 15 Min. bissfest garen, schälen und in etwa 1 cm dicke Scheiben schneiden. Rosenkohlröschen putzen, in Salzwasser 3 Min. blanchieren, abseihen, kalt abschrecken und halbieren.

● Die Zutaten für die Sauce gut durchmixen. Den Teig in eine mit Backpapier ausgelegte Spring- oder Quiche-Form drücken, einen Rand formen, das überstehende Backpapier abschneiden.

● Teigboden mit Semmelbröseln bestreuen, Rosenkohl und Süßkartoffel verteilen, mit der Sauce übergießen, Nüsse darüber streuen und im Backofen bei 180 °C Ober-/Unterhitze etwa 25 Min. backen.

● Petersilie fein hacken und Orange filetieren oder in Scheiben schneiden. Die fertige Quiche mit Orangenfilets garnieren und mit Petersilie bestreut servieren.

Schnell gemacht und sooo lecker!
# Bandnudeln mit Brokkoli, Avocado und Rucola

Für 2 Personen
⏲ 30 Min.

1 kleiner Brokkoli (250 g Röschen netto) • 125 g Vollkorn-Bandnudeln • 2–3 Knoblauchzehen • 1 weiche, aber nicht allzu reife Avocado • ½ Limette • 1 Bund Rucola • 4 EL Kokosmilch • 50 ml Gemüsebrühe • 50 ml Weißwein • ½–1 gestr. TL Paprika, edelsüß • ca. ¼ TL Salz • schwarzer Pfeffer

● Brokkoli in Röschen teilen und in kochendem Salzwasser etwa 5 Min. bissfest blanchieren, abseihen und kalt abschrecken. Bandnudeln entsprechend der Packungsanleitung al dente garen.

● Knoblauch fein hacken, Avocado halbieren, Kern entfernen, schälen und in mundgerechte Stücke schneiden. Von der Limette max. einen ¼ TL Schale abreiben, den Rest zu Saft pressen. Sie brauchen davon etwa 1 Esslöffel Saft. Rucola grob zerschneiden.

● Kokosmilch in einer beschichteten Pfanne oder Wok erhitzen, Knoblauch, Limettenschale und Paprika darin etwa 2 Min. köcheln lassen, Gemüsebrühe, Wein, Salz und Pfeffer hinzufügen und zum Kochen bringen.

● Hitze reduzieren, Nudeln, Brokkoli und Rucola unterheben, kurz aufkochen und zum Schluss die Avocado-Stücke vorsichtig untermischen, damit sie stückig bleiben und nicht matschig werden.

● Nach Belieben nochmals mit den Gewürzen, vor allem dem schwarzen Pfeffer, abschmecken und servieren.

Rezept zum Coverfoto

# Grillpfanne mit Zucchini, Fenchel und Aubergine

Für 2 Personen
⏱ 35 Min. + mind. 2 Std. Marinierzeit

- 1 kleine Aubergine
- 1 mittelgroße Zucchini
- 1 großer Fenchel
- ½ Bd. frischer Koriander
- 1–2 cm frischer Ingwer
- 2 Knoblauchzehen
- 1 Limette
- 150 ml Kokosmilch
- 1 EL Ahornsirup
- 1 EL Tamari (Sojasauce)
- 1–2 Msp. Chilipulver
- ½ TL Kreuzkümmel (Cumin)
- schwarzer Pfeffer
- ¼–½ TL Salz

● Aubergine in ca. 1 cm dicke Scheiben schneiden, Zucchini längs in ca. 1 cm dicke Scheiben schneiden, kräftig einsalzen und 15 Min. ruhen lassen. Anschließend in einem Sieb das Salz abwaschen und abtropfen lassen.

● Von der Fenchelknolle nacheinander so viel vom Strunk abschneiden, dass sich die äußeren Fenchel-Lagen abstreifen lassen. Diese in kochendem Salzwasser 5 Min. blanchieren, mit einer Schaumkelle herausnehmen und in einem Sieb abtropfen lassen.

● Währenddessen für die Marinade den Koriander samt der feinen Stängel, den Ingwer und Knoblauch sehr fein hacken. Von der Limette die Schale abreiben und eine halbe Limette zu Saft pressen. Sie brauchen von dem Limettensaft etwa 1 Esslöffel. Den Rest für einen anderen Zweck verwenden.

● In einer großen Schüssel Kokosmilch, Ahornsirup, Tamari, Chilipulver, Kreuzkümmel, Koriander, Ingwer, Knoblauch und Limettenschale verrühren und mit Pfeffer, Salz und Limettensaft abschmecken. Das Gemüse vorsichtig unterheben, sodass alles mit Marinade bedeckt ist. Im Kühlschrank mindestens 2 Stunden oder über Nacht marinieren. Ab und zu das Gemüse in der Marinade wenden.

● Eine beschichtete Grillpfanne erhitzen, das Gemüse bei mittlerer Hitze portionsweise darin anbraten, gelegentlich wenden und das Gemüse mit einem Pfannenwender etwas auf den Pfannenboden andrücken, damit schöne Röststreifen entstehen. Die restliche Marinade kann in der Pfanne als Sauce erhitzt werden.

**Tipp** Kokosmilch kann man auch leicht selbst herstellen und zwar genau in der Menge, die man benötigt: Für ca. 150 ml Kokosmilch übergießen Sie 65 g Kokosflocken mit 180 ml heißem Wasser, kurz ruhen lassen. Dann im Mixer oder Hochleistungsmixer fein pürieren und entweder durch ein Sieb passieren oder besser und schneller durch einen Nussmilchbeutel drücken.

Leckere No-Fat-Rezepte : Zum Sattwerden

Einfach mit reinem Dinkelvollkornmehl oder alternativ einem Anteil Amaranthmehl
# Pfannkuchen mit Waldpilz-Heidelbeer-Füllung

Für 2 Personen (insgesamt 4 Stück)
⊘ 30 Min.(+ Einweichzeit getrocknete Pilze)

Für die Füllung:
- 20 g getrocknete Steinpilze
- 150 ml Gemüsebrühe oder Wasser
- 1 Zwiebel
- 100 g gemischte frische Pilze
- ¼–½ TL Majoran, getrocknet
- ¼–½ TL Thymian, getrocknet
- Salz
- Pfeffer

- 60 m Weißwein
- 50 ml Pflanzensahne (Reis, Hafer oder Soja)
- 100 g frische Heidelbeeren
- Orangenscheiben zum Garnieren (optional)

Für die Pfannkuchen:
- 130 g Dinkelvollkornmehl
- 70 g Amaranthmehl (oder Dinkelvollkornmehl)
- ca. 300 ml kohlensäurehaltiges Mineralwasser (die Hälfte des Wassers kann auch durch Bier ersetzt werden)
- 4 TL Erdnuss- oder Kokosöl zum Ausbacken

● Getrocknete Steinpilze in 150 ml Gemüsebrühe 1 Stunde einweichen, abseihen, Pilze etwas ausdrücken, in kleine Würfel schneiden und das Einweichwasser aufbewahren!

● Für die Pfannkuchen die Zutaten mit einem Handrührgerät zu einem Teig verrühren, das Mineralwasser nach und nach zugeben und 30 Min. ausquellen lassen.

● Zwiebel fein hacken, Pilze säubern und in grobe Würfel schneiden.

● Etwas Einweichwasser von den getrockneten Steinpilzen in einer beschichteten Pfanne erhitzen, Zwiebeln darin etwa 2 Min. dünsten, frische Pilze und die Steinpilze hinzufügen und etwa 5 Min. dünsten, bis alles Wasser verdampft ist. Mit Majoran, Thymian, Salz und Pfeffer würzen, mit Weißwein ablöschen und weiterköcheln, bis die Flüssigkeit weitestgehend verdampft ist.

● Heidelbeeren und Pflanzensahne unterrühren, kurz erhitzen und zugedeckt warm halten.

● Eine beschichtete Pfanne mit 1 TL Erdnussöl auspinseln und nacheinander 4 dünne Pfannkuchen ausbacken.

● Die Pilz-Heidelbeer-Mischung auf jeweils einen Pfannkuchen geben, zuklappen und auf Wunsch mit Orangenscheiben garniert servieren.

**Tipp** In einem Hochleistungsmixer können Sie Amaranth-Samen selbst zu Mehl mahlen.

Frische Wakame-Algen sind rein pflanzlich und haben einen tollen Meergeschmack!

# Spaghetti di Mare mit Zitronensauce

Für 2 Personen
⏲ 40 Min.

Für die Spaghetti:
- 2 EL getrockneter Meeresalgen-Mix, fein geschnitten
- 100 g frische Wakame-Algen, ungewürzt (Fischladen)
- 1 kleine Fenchelknolle
- 200 g Blattspinat (frisch oder TK)
- 6–8 kleine Datteltomaten (oder Cocktailtomaten)
- ¼ Bund Petersilie
- Salz
- Pfeffer
- 250 g Vollkornspaghetti

Für die Sauce:
- 1 große Bio-Zitrone
- 1 Knoblauchzehe
- 75 ml Weißwein (oder Gemüsefond)
- 100 ml Pflanzenmilch, ungesüßt
- 75 ml Hafersahne
- ca. 1–2 TL Vollkorn- oder Reismehl
- Salz
- Pfeffer
- 1 Msp. Chilipulver

● Getrocknete Algen in einem Sieb waschen, mit viel lauwarmem Wasser 15 Min. einweichen, abseihen und bis zum weiteren Gebrauch beiseite stellen.

● Frische Algen ½ Min. in Wasser sprudelnd kochen lassen, abseihen, eiskalt abschrecken und abtropfen lassen.

● Fenchel in sehr feine Scheiben hobeln. Geputzten frischen Spinat ca. 3 Min. in kochendem Salzwasser blanchieren, abseihen und kalt abschrecken (oder angetauten TK-Spinat verwenden). Datteltomaten längs vierteln. Petersilie fein hacken.

● In einer hohen beschichteten Pfanne etwas Wasser erhitzen, Fenchelscheiben, Tomatenstücke und Spinat darin unter Wenden etwa 5 Min. dünsten, mit Salz und Pfeffer würzen, zugedeckt warm halten.

● Spaghetti nach Packungsanleitung al dente garen und abseihen.

● Für die Sauce die Schale der Zitrone fein abreiben und den Knoblauch fein hacken.

● Weißwein, Pflanzenmilch, Hafersahne, Knoblauch und Zitronenschale aufkochen, mit dem Schneebesen Vollkornmehl unterrühren, bis die Sauce eine leicht dickflüssige Konsistenz hat. Mit Salz, Pfeffer und Chili lecker abschmecken.

● Algen und Petersilie unter das Gemüse heben und erhitzen. Die Spaghetti mit dem Gemüse auf einem Teller anrichten, Sauce darübergeben und mit einer Zitronenscheibe garniert servieren.

Toll für Gäste oder kalt fürs Partybuffet
## Rote-Bete-Tarte mit karamellisiertem Babyspinat

Für eine Quicheform (28 cm)
◷ 1¼ Std inkl. Kühl- und Backzeit

Für den Teigboden: 100 g Maisgrieß (Polenta) • 150 g Dinkelvollkornmehl • ½ TL Salz • 3 EL Cashewmus (zimmerwarm) • ca. 150 ml kohlensäurehaltiges Wasser
Für den Belag: 200 g Karotten • 300 g Rote Bete • 1 Knoblauchzehe • 1 Zwiebel • 400 g Seidentofu • 1½ EL Zitronensaft • 2 TL Senf • 4 EL Hefeflocken • 1 TL Schabzigerklee, gemahlen • ca. 1 TL Salz • schwarzer Pfeffer • 2 TL Thymian, getrocknet • 1–2 Handvoll Babyspinat-Blätter • 2 EL Ahornsirup

- Für den Teig alle Zutaten 5 Min. von Hand verkneten, Wasser nur nach und nach zugeben, den Teig in Frischhaltefolie 45 Min. kalt stellen.

- Karotten und Rote Bete in feine Scheiben hobeln. Knoblauch fein hacken, Zwiebel in feine Halbringe schneiden.

- Seidentofu mit Zitronensaft, Senf, Hefeflocken, Schabzigerklee, Salz, Pfeffer und Thymian fein pürieren, abschmecken und mit dem Gemüse gut vermischen.

- Teig ausrollen und in eine mit Backpapier ausgelegte Quicheform drücken. Mit Backpapier bedecken, Hülsenfrüchte daraufflegen und 15 Min. bei 190 °C Ober-/Unterhitze blindbacken. Gemüsemasse auf dem Teigboden verteilen und weitere 25–30 Min. backen.

- Etwas Wasser mit Ahornsirup in einer Pfanne erhitzen, den Spinat kurz karamellisieren, auf der Tarte verteilen und servieren.

Schneller: mit Hirse oder Quinoa
## Zucchini-Aprikosen-Risotto mit Erdnüssen

Für 2 Personen
◷ 45 Min.

125 g Vollkornreis • 1 mittelgroße Zucchini • 1 Knoblauchzehe • 1 rote Zwiebel • 8 getrocknete Aprikosen (ca. 50 g) • 50 g Erdnüsse (oder Pistazien) • ½ Orange, Saft • 75 ml Kokosmilch • ½ TL Kreuzkümmel, gemahlen • ¼ Kardamom, gemahlen • Salz • Pfeffer • 1 Msp. Zimt • einige Pfefferminzblättchen (oder gehackte Petersilie)

- Vollkornreis gemäß Packungsanleitung garen.

- Zucchini längs halbieren und in Scheiben schneiden. Knoblauch fein hacken, Zwiebel in halbe Ringe schneiden. Aprikosen in feine Würfel oder feine Streifen schneiden.

- Etwas Wasser in einer beschichteten Pfanne erhitzen, Zwiebel und Knoblauch darin etwa 3 Min. dünsten. Orangensaft, Kokosmilch, Zucchini, Aprikosen, Erdnüsse oder Pistazien, Kreuzkümmel, Kardamom, Salz, Pfeffer und Zimt hinzufügen und zugedeckt etwa 10 Min. leise köcheln lassen.

- Den Reis untermischen und mit Pfefferminzblättchen bestreut servieren.

**Das passt dazu** marinierter, gebackener Tofu (Seite 49)

➔ Rote-Bete-Tarte mit karamellisiertem Babyspinat

Leckerer als die Fleischvariante!
## Grünkern-Frikadellen

Für 2 Personen
⏲ 45 Min.

1 Zwiebel • 1 Knoblauchzehe (optional) • 30 g Karotte • 30 g Pastinake • 30 g rote Paprikaschote • 125 g Grünkern, mittelgrob geschrotet • 250 ml Gemüsebrühe • 40 g Sonnenblumenkerne • Salz • Pfeffer • 1 Msp. Chilipulver (oder Harrissa) • 1 TL Johannisbrotkernmehl • 1 EL gehackte Petersilie • 1–2 TL Erdnussöl (oder Kokosöl)

● Zwiebel, Knoblauch, Karotte, Pastinake und Paprika in feine Würfel schneiden. Diese in einer beschichteten Pfanne in wenig Wasser 3 Min. dünsten, bis das Wasser verdampft ist.

● Grünkernschrot untermischen, Gemüsebrühe angießen, unter Rühren aufkochen, Herd ausschalten und zugedeckt etwa 20 Min. quellen lassen.

● Sonnenblumenkerne in einer zweiten Pfanne ohne Fett rösten. Am Ende der Garzeit die Sonnenblumenkerne zur Grünkern-Gemüse-Masse geben, mit Salz, Pfeffer und Chili abschmecken. Mit Johannisbrotkernmehl bestäuben, Petersilie hinzufügen, von Hand die Masse durchkneten, mindestens 5 Min. ruhen lassen und 4 Frikadellen formen.

● Eine beschichtete Pfanne mit Öl einpinseln und die Frikadellen bei mittlerer Hitze von beiden Seiten goldbraun anbraten.

**Das passt dazu** grüne Blattsalate

**Variante** Mischen Sie unter die Masse zusätzlich 50 g getrocknete, fein geschnittene Tomaten.

Auch super als Füllung (siehe Seite 41)
## Linsen-Gemüse-Knödel

Für 2 Personen
⏲ ca. 45 Min.

100 g kleine braune Linsen • 50 g Quinoa • 40 Haferflocken (oder Hirseflocken) • 1 kleine Zwiebel • ½ Knoblauchzehe • 1 kleine rote Paprika • 1 dünne Lauchstange • ¼ Bund Petersilie • 100 g rohe Kartoffel • 1 TL Johannisbrotkernmehl • 1 TL Senf • ½–1 TL Curry • ½ TL Kreuzkümmel, gemahlen • 1 Msp. Chilipulver • Salz • Pfeffer • 1–2 TL Zitronensaft (oder Essig) • evtl. 2 EL Vollkornmehl (oder Semmelbrösel)

● Linsen und Quinoa nach Packungsanleitung etwa 25 Min. garen. Nach der Garzeit Flocken untermischen und noch etwas nachquellen lassen.

● Zwiebel und Knoblauch fein hacken. Paprika in kleine Würfel, Lauch in feine Ringe schneiden, Petersilie fein hacken.

● In einer Pfanne wenig Wasser (oder Weißwein) erhitzen und die Zwiebeln etwa 2 Min. dünsten. Knoblauch, Paprika und Lauch hinzufügen, ggf. noch etwas Wasser zugeben und weitere 2 Min. dünsten.

● Kartoffeln schälen und sehr fein reiben. Alle Zutaten in einer Schüssel mit den Händen vermischen, mit den Gewürzen lecker abschmecken und 5 Min. ruhen lassen. Anschließend etwa 8 Knödel formen.

● Die Knödel in Salzwasser ca. 5 Min. leise köcheln lassen und mit einer Schaumkelle herausnehmen.

**Das passt dazu** Mit Tomatensauce (Seite 106) oder »Käsesahnesauce« und/oder Blattsalaten servieren.

Zum Sattwerden : Leckere No-Fat-Rezepte

Gelingt auch mit anderem Kohl
## Wirsing-Rouladen

Für 2 Personen
⏲ 35 Min. + 15 Min. Backzeit

1 x Linsen-Gemüse-Knödel (siehe Seite 40) • 2 große Wirsingblätter (oder 4 kleinere) • 100 ml Gemüsebrühe

● Wirsingblätter 1–2 Min. in kochendem Salzwasser blanchieren, vorsichtig mit einer Schaumkelle herausfischen, in einem Sieb kalt abschrecken und abtropfen lassen.

● Den harten Strunk der Wirsingblätter jeweils herausschneiden, flach ausbreiten, Linsen-Füllung daraufgeben, aufrollen, Ränder einschlagen und in eine Auflaufform legen (bei Bedarf vorher mit Küchengarn zusammenbinden), die Gemüsebrühe angießen und im Ofen bei 180 °C 15 Min. backen.

**Das passt dazu** Tomatensauce (Seite 106) oder »Käsesahnesauce«

**Tipp** Eventuell übrig gebliebene Linsenmasse können Sie auch als Bratlinge in einer mit Öl dünn eingepinselten Pfanne ausbacken oder einfach als Brotaufstrich verwenden.

Einfach anders und gut
## Gefüllte Paprikaschoten

Für 2 Personen
⏲ 35 Min.

1 x Rezept Linsen-Gemüse-Knödel (Seite 40) • 2 große rote Paprikaschoten • 100 ml Gemüsebrühe

● Von den Paprikaschoten einen Deckel knapp abschneiden und das Kerngehäuse vorsichtig entfernen.

● Die Linsenmasse in die Paprika füllen, Deckel auflegen und in einen Bräter oder eine Auflaufform aufrecht setzen. Gemüsebrühe angießen und im vorgeheizten Backofen bei 180 °C Ober-/Unterhitze ca. 25 Min. backen.

**Das passt dazu** Tomatensauce (Seite 106) oder »Käsesahnesauce«

Mit veganen Fertig-Gnocchi
## Fenchel-Tomaten-Pfanne

Für 2 Personen
⏲ 30 Min.

2 mittelgroße Fenchelknollen • 4 reife mittelgroße Tomaten • 1 große Zwiebel • 1–2 Knoblauchzehen • 1 Peperoni • je 1 gestr. TL Majoran, Thymian und Oregano, getrocknet (oder frische Kräuter) • ca. 150 ml Gemüsebrühe • 50 ml Weißwein • Salz • Pfeffer • evtl. 1 EL Vollkornmehl zum Abbinden • 1 Packung vegane Gnocchi aus dem Kühlregal (400 g)

● Fenchel vierteln und Strunk entfernen. Tomaten häuten und würfeln. Zwiebel, Knoblauch und Peperoni fein hacken.

● Etwas Gemüsebrühe in einer Pfanne erhitzen, Zwiebel ca. 2 Min. darin dünsten, Knoblauch, Peperoni und Fenchel hinzufügen und weiter 3 Min. unter Wenden dünsten. Bei Bedarf weitere Brühe angießen.

● Weißwein, restliche Brühe, Tomaten und Kräuter hinzufügen und zugedeckt ca. 25 Min. leise köcheln lassen.

● Gnocchi in die Pfanne geben und ca. 3–4 Min. unter gelegentlichem Wenden leise mitköcheln lassen.

Zum Sattwerden : Leckere No-Fat-Rezepte

Als Hauptgericht oder Vorspeise
## Linsensuppe mit Estragon

Für 2 Personen (4–6 Personen als Vorspeise)
⏲ 40 Min.

1 kleiner Lauch • 1 Zwiebel • 1 Knoblauchzehe • ca. 40 g Knollensellerie • 1 Karotte • 200 g schwarzen Linsen (z. B. Beluga) • 2 Lorbeerblätter • ca. 650 ml Wasser • 1–2 Tomaten • ½ rote Paprikaschote • ca. 1 TL Salz • Pfeffer • ½ TL Paprika, scharf • ca. 1 EL Estragon, getrocknet • 1–2 EL Balsamico-Essig • 1 TL Dijon-Senf

● Lauch längs halbieren und in feine Ringe schneiden. Zwiebel und Knoblauch fein hacken, Sellerie und Karotte in feine Würfel schneiden.

● In einem Topf etwas Wein oder Wasser erhitzen, Lauch, Zwiebel und Knoblauch darin 2 Min. andünsten, Sellerie-, Karottenwürfel und Linsen (kein Salz!) hinzufügen und unter Wenden kurz mitdünsten, Lorbeerblätter und Wasser hinzufügen und bei geschlossenem Topf etwa 30 Min. (Packungsanleitung der Linsen beachten) leise köcheln lassen, bis die Linsen gar, aber noch leicht bissfest sind.

● Tomaten und Paprika in kleine Würfel schneiden (Tomaten auf Wunsch häuten) und 10 Min. vor Ende der Garzeit zur Suppe geben.

● Suppe mit Salz, Pfeffer, Paprika, Estragon, Balsamico-Essig und Senf würzig abschmecken und servieren.

◂ Orientalischer Kichererbsen-Eintopf

Passend zu jeder Jahreszeit und Gelegenheit
## Orientalischer Kichererbsen-Eintopf

Für 2 Personen
⏲ 35 Min.

1 kleiner Brokkoli (200 g Röschen netto) • 1 Zwiebel • 1 Knoblauchzehe • ca. 5 g frischer Ingwer • 250 g Tomaten • ca. 600 ml Gemüsebrühe • 1 EL Tomatenmark • ca. 600 ml Gemüsebrühe • 1 Bio-Orange • 50 g getrocknete (Wild-)Aprikosen • 50 g Cashews • 250 g gegarte Kichererbsen (aus dem Glas, oder 125 g Trockenware nach Packungsanleitung garen) • 100 ml Kokosmilch • ½ TL Harissa • ¼–½ TL Kreuzkümmel, gemahlen • ½–1 TL Curry • Salz • ¼ Bund frischer Koriander

● Brokkoli in kleine Röschen teilen. Zwiebel, Knoblauch und Ingwer sehr fein hacken. Tomaten häuten und in kleine Würfel schneiden.

● In einem Topf etwas Gemüsebrühe erhitzen, Zwiebel, Knoblauch und Ingwer etwa 2 Min. dünsten, Tomatenmark, Tomaten und Brokkoli-Röschen hinzufügen, mit Gemüsebrühe auffüllen und 10 Min. zugedeckt leise köcheln lassen.

● Schale von einer halben Orange abreiben und eine halbe Orange zu Saft pressen. Aprikosen in feine Streifen oder Würfel schneiden. Cashews grob hacken und in einer Pfanne ohne Fett rösten.

● Kichererbsen, Orangenschale, Orangensaft, Aprikosen und Kokosmilch zum Eintopf geben und mit den Gewürzen lecker abschmecken. Weitere 5 Min. zugedeckt leise köcheln lassen.

● Koriander fein hacken und den Eintopf mit gerösteten Cashews und Koriander bestreut servieren.

Köstliches Kartoffelgericht
## Brokkoli-Kartoffel-Curry-Auflauf

Für 2–3 Personen
⏱ 40 Min.

1 kleiner Brokkoli (netto ca. 500 g) • 500 g kleine festkochende Kartoffeln • 1 Zwiebel • 1 Knoblauchzehe • 1 Peperoni • 450 ml ungesüßte Pflanzenmilch • 1 TL Gemüsebrühe (instant) • 1 TL Senfkörner • 1 TL Kreuzkümmel, ganz • 2 TL Currypulver • Salz, Pfeffer • ca. 2 EL Reismehl • 2 EL Sonnenblumenkerne • ½ Bund frischer Koriander (oder Petersilie) • 1 Zitrone

● Brokkoli in Röschen teilen und blanchieren. Kartoffeln garen, ggf. schälen und in Scheiben schneiden.

● Zwiebel, Knoblauch und Peperoni fein hacken. In einer Pfanne wenig Wasser erhitzen, Zwiebel darin etwa 2 Min. dünsten, Knoblauch und Peperoni hinzufügen und 1–2 Min. weiterdünsten.

● Pflanzenmilch angießen, Gemüsebrühe, Senfkörner, Kreuzkümmel, Currypulver, Salz und Pfeffer hinzufügen und aufkochen. Reismehl zur Bindung in die kochende Flüssigkeit mit dem Schneebesen unterrühren. Sauce mit Salz, Pfeffer und Curry ggf. nochmals abschmecken.

● Brokkoli und Kartoffeln in eine Auflaufform schichten, mit der Sauce übergießen und im Backofen bei 180 °C Ober-/Unterhitze 15–20 Min. backen.

● Sonnenblumenkerne ohne Fett in einer Pfanne rösten. Koriander fein hacken, Zitrone in Spalten schneiden.

● Den Auflauf mit frischem Koriander und gerösteten Sonnenblumenkernen bestreut servieren und Zitronenspalten dazu reichen.

Solo oder mit Reis, Hirse oder Quinoa
## Einfaches Auberginengratin

Für 2 Personen
⏱ 15 Min. + 30 Min. Backzeit

1 Aubergine (ca. 250–300 g) • 1 Knoblauchzehe • 1 Dose geschälte Tomaten (400 g) • 1–1½ TL Oregano • 1–1½ TL Thymian • Salz • Pfeffer • 30 g Sonnenblumenkerne • 2–3 EL Hefeflocken • ½–1 TL Schabzigerklee (optional)

● Aubergine längs in max. 1 cm dicke Scheiben schneiden. Knoblauch fein hacken.

● Tomaten inkl. Saft in einer Schüssel mit einer Gabel zerdrücken, Knoblauch hinzufügen und mit Oregano, Thymian, Salz und Pfeffer würzig abschmecken.

● Sonnenblumenkerne in einer geeigneten Küchenmaschine mahlen und in einer separaten Schüssel mit den Hefeflocken und dem Schabzigerklee vermischen.

● Die Hälfte der Tomatensauce in einer ausreichend großen Auflaufform (es sollten alle Auberginen in einer Lage Platz haben) gleichmäßig verteilen. Auberginenscheiben darauflegen, restliche Tomatensauce auf den Auberginen verteilen.

● Mit dem Sonnenblumen-Mix bestreuen und im vorgeheizten Backofen bei 200 °C Ober-/Unterhitze etwa 30 Min. backen.

Mit Brokkoli-Erbsen-Sauce
# Fettuccine mit grünem Spargel

Für 2 Personen
⊘ 35 Min.

200 g Vollkorn-Fettuccine • 1 kleiner Brokkoli • 75 g TK-Erbsen • 1 Zwiebel • 1 Knoblauchzehe (optional) • 1 Stück frischer Ingwer (ca. 5–10 g) • ½ Zitrone, Saft • 200 ml Gemüsebrühe • 1 EL Ahornsirup • 1 Prise frisch geriebene Muskatnuss • Salz • Pfeffer • 8–10 Radieschen • 250 g frischer grüner Spargel

- Nudeln nach Packungsanleitung al dente kochen, abseihen und etwa 100 ml Nudelwasser dabei auffangen.

- Brokkoli in Röschen teilen (ca. 230 g netto) und in kochendem Salzwasser 4 Min. blanchieren, anschließend eiskalt abschrecken. TK-Erbsen im Brokkoli-Wasser 15 Sekunden blanchieren, abseihen und kalt abschrecken.

- Zwiebel, Knoblauch und Ingwer fein hacken. Diese zusammen mit dem Brokkoli und den Erbsen in Gemüsebrühe 10 Min. köcheln lassen und mit einem Stabmixer fein pürieren. Mit Salz, Pfeffer, Muskat, Ahornsirup und Limettensaft lecker abschmecken.

- Radieschen in feine Scheiben hobeln. Spargel nach Bedarf schälen und in Stücke schneiden.

- Das aufgefangene Nudelwasser in einer Pfanne zum Kochen bringen. Spargelstücke darin zugedeckt in etwa 2 Min. bissfest garen.

- Sauce und Nudeln unterheben, kurz aufkochen lassen, Herd abschalten, die Radieschen unterheben und servieren.

Dieses Rezept eignet sich auch zum Grillen!
# Feurig marinierter Tempeh aus dem Backofen

Für 2 Personen
⊘ 10 Min. + mind. 1 Std. Marinierzeit + 10 Min. Backzeit

200 g Tempeh natur (Bioladen) • 2 Knoblauchzehen • ein paar Zweige frischer Koriander (oder Petersilie) • 50 ml Rotwein (oder Gemüsebrühe) • 2 Knoblauchzehen • 1–2 EL Harissa • 2 EL Tamari (Sojasauce) • 3 EL Zitronensaft • 1 TL Kreuzkümmel, gemahlen • 1 TL Ahornsirup • ½ TL Curry • 1 Msp. Chilipulver

- Tempeh in Form einer Rolle in max. 1 cm dicke Scheiben schneiden oder Tempeh in Blockform in der Mitte durchschneiden und längs halbieren (ergibt 4 Scheiben). Diese in einem Topf mit kochendem Wasser 4–5 Min. leise köcheln lassen, das mindert die Bitterstoffe und das Tempeh wird für die Marinade aufnahmefähiger.

- Knoblauch und Koriander fein hacken und mit den übrigen Zutaten eine Marinade anrühren. Die gekochten Tempeh-Scheiben mindestens 1 Stunde in der Marinade ruhen lassen.

- Etwas Marinade in eine feuerfeste Pfanne oder Auflaufform geben, Tempeh-Scheiben hineinlegen, mit Marinade beträufeln und bei 230 °C Ober-/Unterhitze 5 Min. im Backofen backen.

- Tempeh-Scheiben wenden, wieder einige Löffel Marinade darübergeben und weitere 5 Min. backen und servieren.

- Für die Grill-Variante Tempeh-Scheiben und Marinade in Alufolie geben und das Päckchen für ca. 10–15 Min. auf den Grill legen.

Raffinierte Art, Radicchio zu genießen
## Hirsotto mit karamellisiertem Radicchio

Für 2 Personen
⊘ 35 Min.

Für das Hirsotto: 1 Zwiebel • 1 Knoblauchzehe • 1 kl. Stange Lauch • 6 schwarze Oliven • 200 g Hirse • 100 ml Weißwein • ca. 500 ml Gemüsebrühe • Salz • Pfeffer • 2–3 EL Soja-Joghurt
Für den Radicchio: 1 Radicchio (ca. 300–350 g) • 1 Zwiebel • 3 EL Sonnenblumenkerne • 2–3 EL Ahornsirup • 2–3 EL Balsamico • Salz • Pfeffer

● Zwiebel und Knoblauch fein hacken. Lauch längs halbieren und fein schneiden. Oliven in dünne Scheiben schneiden. Wenig Wasser oder Gemüsebrühe erhitzen, Zwiebel und Lauch darin etwa 2 Min. dünsten.

● Knoblauch, Oliven und Hirse hinzufügen, unter Wenden kurz dünsten, mit Weißwein und restlicher Gemüsebrühe angießen und unter gelegentlichem Rühren etwa 10 Min. leise köcheln lassen. Anschließend noch 15 Min. ausquellen lassen, mit Salz und Pfeffer würzig abschmecken und den Sojajoghurt untermischen.

● Radicchio-Blätter halbieren oder dritteln, waschen und abtropfen lassen. Zwiebel in feine Ringe schneiden. Sonnenblumenkerne in einer Pfanne ohne Fett rösten, bis sie eine leichte Bräune haben, aus der Pfanne nehmen und beiseite stellen.

● Wenig Wasser in der Pfanne erhitzen, Zwiebelringe etwa 2 Min. dünsten, Ahornsirup unterrühren, Balsamico hinzufügen und den Radicchio darin unter Wenden erwärmen. Mit Salz und Pfeffer würzen. Das Hirsotto in die Radicchio-Pfanne unterrühren und mit Sonnenblumenkernen bestreut servieren.

Hirse: gesund und eiweißreich
## Hirse-Schnitten mit Birne, Fenchel und Senf-Topping

Für 2 Personen
⊘ 50 Min.

100 g Hirse • 250 ml Gemüsebrühe • 1 rote Zwiebel • 1 mittelgroßer Fenchel • 1 nicht zu reife Birne • 2 EL Sonnenblumenmus (Bioladen) • 4–5 EL Wasser • 3 EL Dijon-Senf • 2 EL Vollkorn-Semmelbrösel • Salz • Pfeffer • ¼–½ TL Garam Masala • 4 EL Sonnenblumenkerne • Salz • 1 reife Birne

● Hirse mit Gemüsebrühe aufkochen, 10 Min. leise köcheln lassen und 20 Min. auf der warmen Herdplatte ausquellen lassen. Zwiebel, Fenchel und Birne in feine Scheiben hobeln. Sonnenblumenmus mit Wasser, Senf und Semmelbröseln anrühren und beiseite stellen.

● Etwas Wasser in einer beschichteten Pfanne erhitzen, Zwiebel-, Fenchel- und Birnen-Scheiben darin ca. 5 Min. dünsten. Gegarte Hirse untermischen und mit Salz, Pfeffer und Garam Masala würzig abschmecken.

● Die Masse in eine Auflaufform streichen und mit dem Senf-Topping bestreichen. Im vorgeheizten Backofen bei 180 °C Ober-/Unterhitze ca. 15 Min. backen.

● Sonnenblumenkerne ohne Fett in einer Pfanne rösten, leicht salzen und mit etwas Wasser ablöschen. Die reife Birne in feine Scheiben schneiden.

● Die Hirseschnitten auf Tellern anrichten, dabei mit einem Pfannenwender oder Teigschaber bei Bedarf in Form drücken und mit frischen Birnenscheiben und Sonnenblumenkernen bestreut servieren.

➥ Hirse-Schnitten mit Birne, Fenchel und Senf-Topping

Noch besser mit frischen statt Dosentomaten

## Kartoffel-Paprika-Gulasch

Für 2–3 Personen
⏱ 40 Min.

500 g festkochende Kartoffeln • 1 große rote Paprikaschote • 250 g Zwiebeln • 2 EL Tomatenmark • 1 gestr. TL Paprika, edelsüß • ½–1 TL Paprika, scharf • ca. 300 ml Gemüsebrühe (oder Wasser) • 1 Lorbeerblatt • 1 Dose (400 g) Tomaten in Stücken inkl. Saft • 1 gestr. TL Kreuzkümmel, gemahlen • Salz • Pfeffer • ¼ Bund Petersilie • ½ Zitrone • 100 g Sojajoghurt • 1 EL Ahornsirup

● Kartoffeln und Paprika in etwa 1–1 ½ cm große Würfel bzw. Stücke schneiden. Zwiebeln je nach Größe vierteln oder achteln.

● In einem Topf etwas Wasser erhitzen, Kartoffeln und Zwiebeln darin unter Wenden etwa 3–5 Min. andünsten. Tomatenmark unterrühren, mit Paprika bestäuben, mit Gemüsebrühe oder Wasser ablöschen, Lorbeerblatt hinzufügen und etwa 5 Min. bei geschlossenem Topf leise köcheln lassen.

● Paprikawürfel und Tomatenstücke (mit Saft) hinzufügen, mit Kreuzkümmel, Salz und Pfeffer würzen und zugedeckt etwa 10 Min. leise köcheln lassen, bis das Gemüse gar ist.

● Währenddessen Petersilie fein hacken und Zitrone zu Saft pressen. Joghurt unter den Eintopf rühren und mit Zitronensaft, Ahornsirup und den Gewürzen nochmals lecker abschmecken. Mit Petersilie bestreut servieren.

Mit »Käsecreme« aus Cashews und Gewürzen

## Lauchpizza

Für 1 Backblech
⏱ 45 Min. + 25 Min. Backzeit

Für den Teigboden: 350 g Dinkelvollkornmehl • 1 TL Salz • 15 g frische Hefe • ca. 210 ml lauwarmes Wasser
Für die »Käsecreme«: 100 g Cashews (evtl. in Wasser eingeweicht) • 150 ml Wasser • 2 EL Hefeflocken • ½ TL Salz • 1 TL Senf • ½ TL Schabzigerklee, gem. • ½ TL Bockshornklee, gem. • 1–2 TL Zitronensaft
Für den Belag: 6–7 Stangen Lauch (600 g netto) • 1 große Zwiebel • 2 EL Pizzakräuter • 4 EL Tomatenmark • Salz • Pfeffer • Chilipulver

● Für den Teig Salz im Mehl vermischen, Hefe in etwas Wasser auflösen, zum Mehl geben und mindestens 5 Min. einen Teig kneten. Das Wasser nach und nach zugeben. Die benötigte Wassermenge kann je Mehlsorte variieren. Etwa 45 Min. zugedeckt an einem warmen Ort gehen lassen.

● Die Zutaten für die »Käsecreme« in einem Hochleistungsmixer cremig mixen. Lauch längs halbieren und in feine Halbringe schneiden. Zwiebel in halbe feine Ringe schneiden. Lauch und Zwiebeln in einer Schüssel mit der »Käsecreme« und den Pizzakräutern vermischen.

● Den Teig ausrollen und auf ein mit Backpapier ausgelegtes Blech legen. Das Tomatenmark auf den Teigboden streichen und mit Salz, Pfeffer und einer Prise Chilipulver würzen.

● Das Gemüse gleichmäßig auf der Pizza verteilen und im vorgeheizten Backofen bei 230 °C Ober-/Unterhitze auf der untersten Schiene etwa 25–30 Min. backen.

Zum Sattwerden : Leckere No-Fat-Rezepte

## Auch für den Grill geeignet
# Marinierter, gebackener Tofu

Für 2 Personen
⏱ 15 Min. + 1 Std. Marinierzeit

200 g fester Naturtofu • 2 dünne Scheiben Ingwer • 2 dünne Scheiben frischer Kurkuma oder ¼ TL Kurkumapulver • 50 ml Gemüsebrühe • 3 TL Reisessig • 2 TL Tamari (Sojasauce) • 2 TL Currypulver, scharf • ¼–½ TL Kreuzkümmel, gemahlen • 1 TL Olivenöl • 1 TL Ahornsirup

● Das Tofustück längs halbieren oder in Würfel schneiden. Ingwer und frischen Kurkuma fein hacken (oder Kurkumapulver) und zusammen mit den übrigen Zutaten zu einer Marinade anrühren. Den Tofu darin unter gelegentlichem Wenden mindestens 1 Stunde im Kühlschrank marinieren.

● Den Tofu aus der Marinade nehmen, in eine sparsam gefettete Auflaufform legen und 20 Min. bei 200 °C Ober-/Unterhitze im Backofen backen. Oder zum Grillen Tofu mit etwas Marinade in Alufolie wickeln und ca. 10–15 Min. auf den Grill legen.

**Das passt dazu** Salat, Gemüsegerichte, Reisgerichte, Kartoffelbrei oder auch Spargel

## Mediterran gewürzt
# Quinoa-Kartoffel-Bratlinge

Für 2 Personen
⏱ 40 Min.

100 g Quinoa • 240 ml Gemüsebrühe • 1 Zwiebel • 200 g rohe Kartoffeln • 1 TL Johannisbrotkernmehl • 1 EL Hefeflocken • je ½ TL Basilikum, Oregano, Rosmarin, Thymian • 1 Msp. Harissa oder Chilipulver • 1 EL Tomatenmark • 1 TL Zitronensaft • 1 EL Erdnuss- oder Kokosöl zum Ausbacken

● Quinoa mit Gemüsebrühe nach Packungsanleitung garen und etwas abkühlen lassen. Zwiebel fein hacken, Kartoffeln sehr fein reiben. Alle Zutaten in einer Schüssel vermengen und 5–10 Min. quellen lassen.

● Aus der Masse Bratlinge formen und in einer beschichteten Pfanne (mit wenig Öl ausgepinselt) ausbacken.

**Das passt dazu** grüne Blatt- oder Rohkostsalate

**Tipp** Wenn Sie gegarte Quinoa-Reste haben (etwa 300–350 g), verkürzt das die Zubereitungszeit. Wenn ein Bratling übrig bleibt, ist das im Vollkornbrötchen ein super »Burger to go«.

## Gut fürs Immunsystem
# Sauerkraut mit Weintrauben

Für 2 Personen
⏱ 45 Min.

1 große Zwiebel • 500 g frisches Sauerkraut • 125 ml Weißwein • 10 Wacholderbeeren • 1 Lorbeerblatt • 1 Msp. Cayennepfeffer • ca. 150 ml Gemüsebrühe • 250 g grüne Weintrauben

● Zwiebel fein würfeln und das Sauerkraut etwas zerschneiden. Etwas Wasser in einem Topf erhitzen, die Zwiebelwürfel darin etwa 2–3 Min. andünsten.

● Mit Weißwein ablöschen, Sauerkraut hinzufügen, die Wacholderbeeren etwas zerquetschen und zusammen mit dem Lorbeerblatt und Cayennepfeffer zum Sauerkraut geben.

● Eventuell etwas Gemüsebrühe angießen, alles aufkochen lassen, Hitze reduzieren und bei geschlossenem Topf mindestens 35 Min. leise köcheln lassen.

● Die Weintrauben halbieren und zum Schluss vorsichtig unter das Kraut heben.

**Das passt dazu** Schupfnudeln (Seite 103) oder Kartoffelpüree

Mit rohköstlicher Käsecreme
# Mediterran gefüllte Fenchel

Für 2 Personen
🕐 45 Min. + 15 Min. Backzeit

Für die Fenchel:
- 80 g Getreide geschrotet
  (z. B. Grünkern, Dinkel, Emmer)
- 120 ml Wasser
- 2 große Fenchelknollen
- 150 g Tomaten
- 8 Oliven
- 1 Knoblauchzehe
- 1 Zwiebel
- 1 Peperoni
- 1 EL Zitronensaft
- 2 EL Olivenöl
- 1 TL Oregano
- 1 TL Thymian
- ½ TL Paprika, edelsüß
- Salz
- Pfeffer
- ca. 10 Blätter frisches Basilikum

Für die »Käsecreme«:
- 60 g Cashews
  (alternativ 2 EL Cashewmus)
- 1–2 TL Zitronensaft
- ¼ TL Bockshornklee, gemahlen
- ¼ TL Schabzigerklee, gemahlen
- 1 EL Hefeflocken
- ¼ TL Paprika, edelsüß
- ½ TL Senf
- Salz
- Pfeffer

● Geschrotetes Getreide mit Wasser aufkochen und bei ausgeschalteter Herdplatte zugedeckt 15 Min. quellen lassen.

● Fenchelknollen waschen, vom Strunk nur so viel abschneiden, dass sich die äußeren Fenchel-Lagen samt Stängel abstreifen lassen. Sie benötigen je nach Fenchelgröße 6–8 Stück. Diese in kochendem Salzwasser 5 Min. blanchieren, mit einer Schaumkelle herausnehmen und in einem Sieb abtropfen lassen. Die Reste von den Fenchelknollen für einen anderen Zweck verwenden.

● Tomaten häuten und würfeln. Oliven entkernen und fein hacken. Knoblauch und Zwiebel schälen und fein hacken. Peperoni waschen und in dünne Ringe schneiden.

● In einer Pfanne etwas Wasser erhitzen, Zwiebel, Knoblauch und Peperoni darin 2 Min. anbraten. Getreideschrot und Tomatenwürfel hinzufügen und unter Wenden mit einem Pfannenwender etwa 5 Min. den Getreideschrot krümelig stoßen.

● Oliven und Zitronensaft hinzufügen und mit den Gewürzen abschmecken.

● Die Fülle löffelweise in die Fenchel-Hüllen geben und in eine leicht gefettete Auflaufform legen. Im vorgeheizten Backofen bei 200 °C Ober-/Unterhitze 15 Min. backen.

● Währenddessen Basilikum waschen und mit den Fingern grob zerkleinern.

● Cashews mit 60–80 ml Wasser im Hochleistungsmixer zu einer Creme mixen und mit den restlichen Zutaten für die Käsecreme in einer Schüssel verrühren.

● Die gebackenen Fenchel mit Basilikum bestreuen und mit Käsecreme servieren.

Dieser Eintopf schmeckt der ganzen Familie!

# Linsen-Gemüse-Eintopf

Für 2 Personen
⏱ 35 Min.

130 g Linsen • 1 Zwiebel • 1 Kartoffel (ca. 100 g) • 1 Karotte • 50 g Knollensellerie • 1 kleine rote Paprika • 50 g Champignons • 2 Tomaten (etwa 150 g) • 1 Orange • 1 EL Tomatenmark • 1 Lorbeerblatt • 350 ml Gemüsebrühe • 1 Orange • ca. 1 TL Salz • Pfeffer • 1–2 Msp. Chilipulver • ca. ½ TL Paprika, edelsüß • ca. ½ TL Kurkuma • ca. ½ TL Senf • 1–2 TL Balsamico-Essig (optional)

● Linsen nach Packungsanleitung ohne Salz garen, abseihen und abtropfen lassen.

● Zwiebel fein hacken, Kartoffel, Karotte, Sellerie und Paprika in etwa 1 cm kleine Würfel schneiden. Champignons in feine Scheiben schneiden. Tomaten häuten und in Würfel schneiden.

● In einem Topf wenig Wasser erhitzen, Zwiebeln 2–3 Min. dünsten, Kartoffeln, Karotten, Sellerie und ggf. noch etwas Wasser hinzufügen und etwa 2–3 Min. unter gelegentlichem Wenden mitdünsten.

● Tomatenmark unterrühren, Tomatenwürfel und Lorbeerblatt hinzufügen, mit Gemüsebrühe ablöschen, aufkochen, Hitze reduzieren und im geschlossenen Topf etwa 10 Min. leise köcheln lassen.

● Orange zu Saft pressen und mit Paprika und Champignons zum Eintopf geben. Weitere 5 Min. leise köcheln lassen. Linsen unterrühren und den Eintopf mit Salz, Pfeffer, Chili, Paprika, Kurkuma, Senf und ggf. Balsamico-Essig lecker abschmecken und servieren.

Reste schmecken auch kalt

# Schnelle Nudel-Pfanne

Für 2 Personen
⏱ 30 Min.

1 kleine Lauchstange • 1 Knoblauchzehe • 1 große Paprikaschote • 50 g Champignons • 1 Limette • ½ Bund frischer Koriander • 100 ml Kokosmilch • 150 g Erbsen • 500 ml Gemüsebrühe • ½–1 TL Curry • ¼–½ TL Kreuzkümmel • ½ TL Kurkuma • 1–2 Msp. Chilipulver • Salz • 200 g Reis-Faden-Nudeln (oder andere Faden-Nudeln ohne Ei)

● Lauch längs halbieren und in feine Halbringe schneiden, Knoblauch fein hacken, Paprika in dünne mundgerechte Streifen schneiden, Champignons in sehr feine Scheiben schneiden.

● Limette halbieren, die Hälfte zu Saft pressen, Rest in Scheiben schneiden für die Deko.

● Koriander fein hacken und bis zum Gebrauch beiseite stellen.

● In einer beschichteten hohen Pfanne die Kokosmilch erhitzen, Lauch 2–3 Min. andünsten, Knoblauch, Paprika, Champignons und Erbsen hinzufügen und 5 Min. unter gelegentlichem Rühren dünsten.

● Gemüsebrühe hinzufügen und aufkochen. Die Sauce mit Curry, Kreuzkümmel, Kurkuma, Chili, Limettensaft und Salz lecker abschmecken.

● Faden-Nudeln ein wenig zerbrechen, zur Sauce geben und darin zugedeckt etwa 5 Min. ziehen lassen. Mit Limettenscheiben und Koriander bestreut servieren.

*Auch gut mit Reis, Kartoffeln oder Hirse*

## Nudeln mit Karotten-Kokos-Sugo und Sesam

Für 2 Personen
⏱ 40 Min.

250 g Buchweizen-Spirelli (oder andere Nudeln) • 3 EL Sesam • 250 g Karotten • 2 Schalotten (oder 1 Zwiebel) • 1 kleine Knoblauchzehe • 1–2 dünne Scheiben Ingwer • 100 ml Kokosmilch • 1 TL Curry • ca. 300 ml Gemüsebrühe • 1 EL Ahornsirup • ½ TL Orangenabrieb • 2 EL Kokosflocken • 1 Msp. Chilipulver • Salz, Pfeffer • evtl. 1–2 TL Vollkornmehl zum Abbinden • einige Zweige frischer Koriander

● Nudeln nach Packungsanleitung al dente garen und abseihen. Sesam in einer Pfanne ohne Fett rösten und bis zum weiteren Gebrauch beiseite stellen.

● Karotten in etwa 3 mm dünne Stifte oder Scheiben schneiden. Schalotten, Knoblauch und Ingwer fein hacken.

● Kokosmilch in einer Pfanne erhitzen, Schalotten, Knoblauch und Ingwer darin unter Wenden 2–3 Min. anbraten. Karotten hinzufügen, mit Curry bestäuben und weitere 5 Min. unter wenden anbraten, mit Gemüsebrühe ablöschen und zugedeckt bei reduzierter Hitze etwa 10 Min. leise köcheln lassen, bis die Karotten gar, aber noch bissfest sind.

● Ahornsirup, Orangenabrieb und Kokosflocken unterrühren und die Sauce mit Chili, Salz und Pfeffer und ggf. noch etwas Curry lecker abschmecken. Falls die Sauce dickflüssiger sein darf, mit dem Schneebesen 1–2 TL Vollkornmehl unter die kochende Sauce rühren.

● Koriander fein hacken. Die Nudeln in der Sauce erhitzen. Mit Sesam und Koriander bestreut servieren.

*Geht auch mit Kohlrabi oder Sellerie*

## Rote-Bete-Schnitzel in Kokos-Curry-Panade

Für 2 Personen
⏱ 25 Min.

1 TL Johannisbrotkernmehl • 130 ml kaltes Wasser • 5 EL Semmelbrösel • 1 TL Curry • 3 EL Kokosflocken • ¼ TL Salz (optional) • 250 g gegarte Rote Bete • 1 TL Erdnuss- oder Kokosöl • 4–5 EL Kokosmilch

● In einer Schüssel Wasser und Johannisbrotkernmehl klümpchenfrei verrühren und mindestens 5 Min. quellen lassen (wird dickflüssig).

● In einer zweiten Schüssel Semmelbrösel mit Curry, Kokosflocken und Salz vermischen. Gegarte Rote Bete in etwa 1 cm dicke Schnitzelscheiben schneiden.

● Die Scheiben zuerst in dem Johannisbrotkernmehl-Wasser-Gemisch und anschließend in dem Semmelbrösel-Gemisch panieren.

● Eine beschichtete Pfanne mit einem Backpinsel dünn mit Öl einpinseln. Die Schnitzel bei mittlerer Hitze von beiden Seiten leicht braun anbraten. Nach etwa 2–3 Min. esslöffelweise Kokosmilch in die Pfanne geben und die Schnitzel darin wenden, dann erhält man auch ohne Öl eine schöne Bräune.

**Tipp** Gegarte Rote Bete kann man zwar fertig kaufen, aber natürlich auch selbst wie Kartoffeln kochen. Am besten erst nach dem Kochen schälen und von den Wurzelansätzen befreien, damit die Rote Bete nicht ausblutet.

## Mit Hafermilch-Béchamelsauce
# Hokkaido-Kürbis-Lasagne

Für 1 Auflaufform
ca. 45 Min. + 35 Min. Backzeit

Für die Lasagne: 1 mittelgroßer Hokkaido-Kürbis (ca. 800 g) • 1–2 Knoblauchzehen • 1 Zwiebel • 2 dünne Scheiben Ingwer (2–3 g) • 20 g getrocknete Tomaten • 350 ml Gemüsebrühe • Salz • Pfeffer • 1 geh. TL Thymian, getrocknet • 1 EL Zitronensaft •
1 Packung Dinkel-Lasagne-Blätter (250 g)
Für die Béchamelsauce: 750 ml Hafermilch • 90 g Vollkorn-Reismehl • Salz • Pfeffer • Muskat, frisch gerieben
Für das Topping: 40 g Sonnenblumenkerne • 20 g Hefeflocken • 1 TL Schabzigerklee, gemahlen (optional)

- Hokkaido-Kürbis (Schale mitverwenden!) klein würfeln. Knoblauch, Zwiebel und Ingwer fein hacken. Getrocknete Tomaten in dünne Streifen schneiden.

- In einer Pfanne wenig Gemüsebrühe erhitzen, Zwiebel etwa 2 Min. andünsten, Knoblauch, Ingwer, Kürbis und Tomaten hinzufügen, restliche Gemüsebrühe angießen und etwa 5 Min. dünsten. Mit Gewürzen und Zitronensaft würzig abschmecken. Für die Béchamelsauce Hafermilch zum Kochen bringen, Reismehl unterrühren, mit Salz, Pfeffer und Muskat abschmecken. Sonnenblumenkerne fein mahlen und mit Hefeflocken und Schabzigerklee vermischen.

- In einer leicht gefetteten Auflaufform abwechselnd Lasagneblätter, Béchamelsauce und Kürbisgemüse schichten, mit dem Sonnenblumenmix bestreuen, mit Alufolie bedecken und im vorgeheizten Backofen etwa 35–40 Min. bei 200 °C Ober-/Unterhitze backen. Alufolie nach 25 Min. entfernen.

## Auch gut: mit Rotkraut
# Polenta-Linsen-Nocken auf Sauerkraut

Für 2 Personen
35 Min.

80 g kleine Linsen • 1 kleine Zwiebel • 80 g Maisgrieß (Polenta) • 100 ml Gemüsebrühe • 100 ml Pflanzenmilch, ungesüßt • 250 g küchenfertiges Sauerkraut • ½–1 TL Salz • Pfeffer • 1 gestr. TL Paprika, edelsüß • 1 Msp. Muskat • 2–3 TL Hefeflocken

- Linsen gemäß Packungsanleitung ca. 25 Min. gar kochen und abseihen.

- Zwiebel fein hacken, in etwas von der Gemüsebrühe 2 Min. dünsten, restliche Gemüsebrühe und Pflanzenmilch hinzufügen, aufkochen lassen, Polenta einrieseln lassen, mit dem Schneebesen unter Rühren etwa 5 Min. bei mittlerer Hitze köcheln lassen und ohne Hitzezufuhr zugedeckt etwa 15 Min. ausquellen lassen.

- Das Sauerkraut mit etwas Wasser in einem Topf erhitzen und auf 2 Tellern anrichten.

- Die gegarten Linsen und die Gewürze mit einem Esslöffel unter die Polenta mischen. Mithilfe eines Esslöffels Nocken formen, auf das Sauerkraut setzen und servieren.

**Tipp** Super dazu ist die »Käsesahnesauce« (Seite 106), die ohne Zeitverlust nebenher zubereitet werden kann, während die Linsen und die Polenta garen.

➤ Hokkaido-Kürbis-Lasagne

Super-leckeres Pizzarezept; der Gemüsebelag kann nach Saison und Geschmack frei variiert werden

# Pizza-Schiffe mit Tomaten und Pilzen

Für 1 Backblech
⊘ 45 Min. + 25 Min. Backzeit

Für den Teigboden:
- 250 g Dinkel- oder Weizenvollkornmehl
- 50 g Roggenvollkornmehl
- 1 gestr. TL Salz
- 15 g frische Hefe
- ca. 170 ml lauwarmes Wasser

Für die Sauce:
- 1 Knoblauchzehe
- 2 gehäufte EL Cashewmus, zimmerwarm
- 1–2 Msp. Harissa
- 1 EL Tomatenmark
- ½ TL Salz
- schwarzer Pfeffer
- ¼ TL Schabzigerklee, gemahlen
- ¼ TL Bockshornklee, gemahlen
- ½ TL Paprika, edelsüß
- 1 EL Hefeflocken
- 1 TL Zitronensaft
- Wasser

Für den Belag:
- 3 große Tomaten
- 160 g verschiedene frische Pilze (Champignons, Kräutersaitlinge, Shiitake)
- 1 Zwiebel
- 1 EL Oregano, getrocknet
- 12 Basilikum-Blätter

● Für den Teig Salz im Mehl vermischen, Hefe in ca. 100 ml Wasser auflösen, zum Mehl geben und mindestens 5 Min. einen Teig kneten. Das Wasser nach und nach zugeben. Die benötigte Wassermenge kann je nach Mehlsorte variieren. Etwa 45 Min. zugedeckt an einem warmen Ort gehen lassen.

● Für die Sauce Knoblauch fein hacken und mit den übrigen Zutaten in einer Schüssel verrühren. Mit Wasser zu einer dickflüssigen Konsistenz verdünnen.

● Für den Belag Tomaten in sehr dünne Scheiben schneiden. Pilze mit einem Küchenkrepp abreiben (nicht waschen) und in sehr dünne Scheiben schneiden. Zwiebel halbieren und in Halbringe schneiden.

● Den Pizzateig nochmal durchkneten, in 4 Teile teilen, jeweils in ovale Form ausrollen und einen Rand formen. Auf ein mit Backpapier ausgelegtes Backblech legen (besser einen vorgeheizten Pizza-Stein, falls vorhanden).

● Die Pizzen mit der Cashewsauce bestreichen, zuerst mit Tomatenscheiben, dann mit Pilzen und Zwiebelringen belegen und mit Oregano bestreuen.

● Die Pizzen im vorgeheizten Backofen bei 220 °C Ober-/Unterhitze auf der untersten Schiene etwa 25 Min. backen und mit frischem Basilikum bestreut servieren. Auf Wunsch noch mit bestem Olivenöl sparsam beträufeln.

**Tipp** Harissa selbst machen: Für ca. 500 ml in kleinen sterilen Twist-off-Gläsern auf Vorrat. 250 g frische scharfe Peperoni (ohne Stilansatz, mit Kernen), 4 Knoblauchzehen, 4 TL gemahlene Korianderkörner und 2 TL Salz mit 100 ml Olivenöl im Hochleistungsmixer sehr fein pürieren. Nach und nach weitere 100 ml Öl untermixen. In die Gläser füllen und den kleinen Zwischenraum zum Deckel mit Olivenöl bedecken (für die Konservierung). Kühl und dunkel gelagert ist Harissa sehr lange haltbar. Es wird nur messerspitzenweise verwendet, daher ist der hohe Fettgehalt zu vernachlässigen.

Schmeckt auch zu Kartoffeln, Reis oder Hirse
## Nudeln mit Rosenkohl und Tomaten-Apfel-Sauce

Für 2 Personen
⊘ 40 Min.

400 g Rosenkohl • 1 Zwiebel • 1 kl. Knoblauchzehe • 1 kleiner Apfel • 4 mittelgroße Tomaten • 200 ml Gemüsebrühe • 1 EL Tomatenmark • 50 ml Weißwein • 1 Lorbeerblatt • 250 g Vollkornnudeln • Salz • Pfeffer • 1 Msp. Cayenne-Pfeffer • 2–3 EL Mandelblättchen (oder gehackte Nüsse) • evtl. 1 EL Vollkornmehl zum Abbinden der Sauce

- Rosenkohl putzen und 4 Min. in Salzwasser blanchieren, abseihen und kalt abschrecken.

- Zwiebel und Knoblauch fein hacken, Apfel in feine Würfelchen schneiden (ca. 70 g). Tomaten häuten und würfeln.

- Zwiebel- und Apfelwürfel in wenig Gemüsebrühe etwa 2 Min. dünsten, Knoblauch und Tomatenwürfel hinzufügen und weitere 2 Min. unter Wenden dünsten.

- Tomatenmark unterrühren, Weißwein, restliche Gemüsebrühe und Lorbeerblatt hinzufügen. Etwa 15 Min. ohne Deckel leise köcheln lassen.

- Nudeln entsprechend der Packungsanleitung garen. Mandeln oder Nüsse in einer Pfanne ohne Fett rösten.

- Die Tomatensauce mit Salz, Pfeffer und Cayenne würzig abschmecken. Lorbeerblatt entfernen, die Sauce bei Bedarf mit etwas Vollkornmehl zur gewünschten Konsistenz binden und den Rosenkohl in der Sauce erhitzen.

- Die Nudeln mit Sauce anrichten und mit den Mandeln/Nüssen bestreut servieren.

Schnell und einfach köstlich
## Schnelle Süßkartoffel-Koriander-Pfanne

Für 2 Personen
⊘ 30 Min.

500 g Süßkartoffeln • 1 Zwiebel • 1 Fleischtomate (ca. 200 g) • 5 g Ingwer • 6–8 Stück getrocknete Aprikosen • 6 Pimentkörner • 100 g Erbsen (frisch oder TK) • 2 EL geröstete, gesalzene Erdnüsse • ¼–½ TL Koriander, gemahlen • 1 TL Kreuzkümmel • Salz • Pfeffer • 1–2 Msp. Chilipulver • ½ Limette • ½ Bund frischer Koriander • 4 EL Sojajoghurt

- Süßkartoffeln schälen und in etwa ½ cm dünne mundgerechte Scheiben schneiden. Die Süßkartoffel-Scheiben bei mittlerer Hitze in einer beschichteten Pfanne mit etwas Wasser oder Gemüsebrühe ca. 8 Min. unter gelegentlichem Wenden zugedeckt bei mittlerer Hitze dünsten.

- Zwiebel in halbe feine Ringe schneiden. Tomate in Würfel schneiden. Ingwer reiben oder sehr fein hacken. Aprikosen in feine Streifen oder Würfel schneiden. Piment mit dem Mörser zerstoßen.

- Zwiebel, Tomate, Erbsen, Ingwer, Aprikosen und Erdnüsse zusammen mit den Gewürzen unter die Süßkartoffeln heben und etwa 5 Min. leise köcheln lassen, bis die Süßkartoffeln gar sind (sollten aber bissfest bleiben).

- Limette zu Saft pressen, Koriander fein hacken und zusammen mit dem Sojajoghurt unter das Gericht mischen und servieren.

**Das passt dazu** Bei größerem Appetit passen hier hervorragend Kartoffel-Gnocchi, z.B. aus dem Kühlregal! Dann dürfte das Rezept allerdings für 4 Personen reichen.

Genauso gut mit Kohlrabi oder Roter Bete
## Sellerie-Sesam-Schnitzel

Für 2 Personen
⏲ 15 Min.

1 Sellerieknolle • ½ TL Johannisbrotkernmehl • ca. 4 EL Sesam (alternativ Vollkorn-Semmelbrösel) • Salz • Pfeffer • ½ TL Thymian • 100 ml Wasser • 1 EL Erdnuss- oder Kokosöl zum Ausbacken

● Sellerieknolle waschen und schälen und je nach Größe der Knolle 2–4 ca. 1 cm dicke Scheiben abschneiden.

● In einer Schüssel Johannisbrotkernmehl, Salz, Pfeffer und Thymian mit kaltem Wasser klümpchenfrei verrühren und 10 Min. quellen lassen, bis sich die Flüssigkeit eingedickt hat. In eine zweite Schüssel den Sesam geben.

● In eine Pfanne oder ausreichend großflächigen Topf so viel Gemüsebrühe oder Wasser füllen, bis der Boden gut 1 cm hoch mit der Flüssigkeit bedeckt ist. Die Selleriescheiben hineinlegen, Deckel auflegen und etwa 5 Min. bissfest weich garen (mit einer Gabel testen).

● Selleriescheiben herausnehmen, etwas abkühlen lassen und anschließend zuerst in der Wasser-Johannisbrotkernmehl-Mischung und anschließend in Sesam wenden.

● Die panierten Schnitzel in einer mit wenig Öl bepinselten beschichteten Pfanne von beiden Seiten bei mittlerer Hitze goldbraun ausbacken.

**Das passt dazu** Blatt- oder Rohkostsalate und/oder Kartoffelpüree

Mit Aubergine und frischem Rosmarin
## Reisnudeln in Tomaten-Borlotti-Bohnen-Sauce

Für 2 Personen
⏲ 35 Min.

1 kleine Aubergine • Salz • 1 Zwiebel • 1 Knoblauchzehe • 75 g Champignons • 1 EL Tomatenmark • 1 Dose stückige Tomaten (400 ml oder 400 g gehäutete Tomaten, gewürfelt) • ca. 100 ml Gemüsebrühe • 2 Zweige frischer Rosmarin (oder 1–2 TL getrocknet) • 200 g Reisnudeln • Salz • Pfeffer • 1 Msp. Chilipulver • 1–2 EL Balsamico-Essig • 200 g gegarte Borlotti-Bohnen (oder 100 g getrocknete Ware, eingeweicht und nach Packungsbeilage gegart)

● Aubergine in ½ cm dicke Scheiben schneiden, reichlich salzen und 15 Min. ruhen lassen. Anschließend in einem Sieb das Salz abwaschen und in mundgerechte Stücke schneiden.

● Zwiebel, Knoblauch und Champignons fein hacken. In einer beschichteten Pfanne in etwas Wasser (oder Rotwein) Zwiebel, Knoblauch und Champignons ca. 2–3 Min. dünsten.

● Tomatenmark, Auberginenstücke, Tomaten inkl. Saft hinzufügen und unter ständigem Wenden 2 Min. dünsten, Gemüsebrühe angießen, Rosmarinzweige hineinlegen und mit Deckel mindestens 15 Min. leise köcheln lassen.

● Reisnudeln nach Packungsanleitung garen. Rosmarinzweige aus der Sauce entfernen, die Sauce mit Salz, Pfeffer, Chilipulver und Balsamico-Essig abschmecken, Borlotti-Bohnen hinzufügen und kurz erhitzen. Reisnudeln auf 2 Tellern anrichten und mit der Sauce servieren.

Mit Granatapfelkernen und Kresse bestreut
## Rosenkohl-Curry

Für 2 Personen
⏲ 35 Min.

75 g rote Linsen • 300 g Rosenkohl • 150 g Karotten • 150 g Steckrüben (oder Kohlrabi) • 3 kleine rote Zwiebeln • ½ Knoblauchzehe • 1–2 cm frischer Ingwer • 8 St. getrocknete Aprikosen • 100 ml Kokosmilch • 1–2 TL Currypaste • ca. 200 ml Gemüsebrühe • 200 ml Pflanzenmilch, ungesüßt • ½ Limette, Saft • 3 TL Currypulver • ½ TL Kreuzkümmel • Salz • 1 EL Ahornsirup • ½–1 TL Schwarzkümmel • 1 Handvoll frische Kresse • 3–4 EL frische Granatapfelkerne

● Linsen gemäß Packungsanleitung ohne Salz bissfest garen, abseihen und abtropfen lassen.

● Rosenkohl putzen und längs halbieren. Karotten und Steckrüben in 2 × 1 cm lange Stücke schneiden, Zwiebeln vierteln, Knoblauch und Ingwer fein hacken und die Aprikosen in feine Streifen schneiden.

● Kokosmilch erhitzen, Zwiebeln darin 2 Min. dünsten, Currypaste unterrühren, kurz mitdünsten, mit Gemüsebrühe und Pflanzenmilch aufgießen, aufkochen. Das Gemüse und die Aprikosenstreifen hinzufügen und ohne Deckel 15 Min. bei kleiner Hitze köcheln lassen. Die Flüssigkeit sollte das Gemüse knapp bedecken.

● Linsen unterrühren und erhitzen. Das Gericht mit Limettensaft, Currypulver, Kreuzkümmel, Salz und Ahornsirup lecker abschmecken und auf 2 Tellern anrichten. Mit Schwarzkümmel, Kresse und Granatapfelkernen bestreut servieren.

**Das passt dazu** Reis- oder Faden-Nudeln; dann reicht die Menge auch für 4 Portionen

Mit japanischen Buchweizennudeln (Soba)
## Soba-Nudeln mit Auberginen-Tomaten-Sauce

Für 2 Personen
⏲ 35 Min.

1 kleine Aubergine • 1 Zwiebel • 1 Knoblauchzehe • 50 ml Weißwein (oder Gemüsebrühe) • 1 Dose Tomaten, stückig (400 g, oder 400 g frische Tomaten, gewürfelt) • 50 ml Weißwein (oder Gemüsebrühe) • 1 TL Oregano • 1 Msp. Nelken, gemahlen (vorsichtig dosieren!) • 1 Msp. Chilipulver • 1 TL Zitronensaft • Salz • Pfeffer • 2 EL Kapern • 8 schwarze Oliven • 200 g Soba-Nudeln • frisches Basilikum

● Aubergine in ½ cm dünne Scheiben und anschließend in mundgerechte Stücke schneiden. Auf einem Teller ausbreiten, kräftig salzen, 15 Min. ziehen lassen und das Salz mit einem Küchenkrepp abreiben.

● Zwiebel und Knoblauch fein hacken, in etwas Wasser etwa 3 Min. dünsten. Weißwein hinzufügen und 1–2 Min. kochen lassen. Tomaten mit Saft hinzufügen und mit den Gewürzen abschmecken.

● Die Auberginenscheiben, Kapern und Oliven unterrühren und zugedeckt noch etwa 7–10 Min. leise köcheln lassen.

● Soba-Nudeln gemäß Packungsanleitung garen. Mit der Sauce auf 2 Tellern anrichten und mit Basilikumblättern garniert servieren.

**Tipp** Wenn Sie sich glutenfrei ernähren, achten Sie beim Kauf von Soba-Nudeln darauf, dass diese aus 100 % Buchweizen hergestellt worden sind. Die Hersteller von Soba-Nudeln dürfen bis zu 70 % Weizen beimengen!

➜ Rosenkohl-Curry

Geht immer sehr schnell weg!

# Zwiebelkuchen

Für 1 Backblech
⏱ 55 Min. + 40 Min. Backzeit

Für den Teig:
- 400 g Dinkelvollkornmehl (oder anderes Vollkornmehl)
- 1 TL Salz
- ½ Würfel Hefe
- ca. 200 ml lauwarmes Wasser

Für den Belag:
- 1,2 kg gelbe Zwiebeln
- 1 Stange Lauch
- 3 EL Cashewmus
- ca. 200 ml Gemüsebrühe
- 250 ml Pflanzenmilch, ungesüßt
- 1 TL Schabzigerklee, gemahlen
- 1–1½ EL Kümmel, ganz (nach Geschmack)
- ca. 1 TL Salz
- schwarzer Pfeffer
- 8 EL Hefeflocken
- ggf. etwas Vollkornmehl zum Abbinden der Zwiebelmasse
- 2 EL Semmelbrösel

● Für den Teig Mehl und Salz in einer Schüssel mischen, Hefe mit dem Schneebesen in einem Teil des Wassers auflösen, zum Mehl geben und mind. 5–8 Min. von Hand zu einem geschmeidigen Teig kneten.

● Das Wasser nach und nach dazugeben, je nach Mehlsorte kann die benötigte Wassermenge differieren. Den Teig zugedeckt etwa 45 Min. an einem warmen Ort gehen lassen.

● Währenddessen für den Belag Zwiebeln und Lauch in feine Halbringe schneiden. Etwas Gemüsebrühe in einer hohen Pfanne erhitzen, Zwiebeln und Lauch darin unter Wenden etwa 7 Min. andünsten, bei Bedarf etwas Brühe nachgießen.

● Nach und nach Cashewmus, Pflanzenmilch und Gemüsebrühe unterrühren und unter häufigem Rühren ohne Deckel etwas einkochen lassen (ca. 10 Min.).

● Schabzigerklee, Kümmel, Salz, Pfeffer und nach und nach die Hefeflocken (damit sie nicht klumpen) unterrühren und bei Bedarf die Masse am Schluss mit etwas Mehl abbinden.

● Backblech einfetten oder mit Backpapier (inkl. Rand) auslegen. Den Teig ausrollen, auf das Backblech legen, ggf. mit einem Handroller noch korrigieren, mit Semmelbröseln bestreuen, die Zwiebelmasse gleichmäßig darauf verteilen. Im vorgeheizten Backofen bei 190 °C Ober-/Unterhitze etwa 40 Min. backen.

**Tipp** Sehr lecker schmecken dazu in der Pfanne ohne Fett geröstete Sonnenblumenkerne, die Sie mit Salz bestreuen und mit Wasser ablöschen, damit sich das Salz gleichmäßig auf den Sonnenblumenkernen verteilt. Den Zwiebelkuchen vor dem Servieren mit den Sonnenblumenkernen bestreuen.

Dazu passen Pellkartoffeln
# Spargel mit Thymian-Orangen-Senf-Sauce

Für 2 Personen
⏱ 25 Min.

Für den Spargel: 1 kg frischer weißer Spargel • 1 Scheibe Zitrone
Für die Sauce: 1 Bio-Orange • 100 ml Gemüsebrühe • 100 ml Weißwein • 1 EL Hefeflocken • 1 TL Dijon-Senf • 1 Msp. Kurkuma • 1 Msp. Cayenne-Pfeffer • ½ TL Thymian, getrocknet (oder 2 EL frische Thymian-Blättchen) • Salz • schwarzer Pfeffer • 1 TL Ahornsirup • 70 ml Hafersahne • 1–2 EL Vollkornmehl

● Spargel schälen, eventuell holzige Enden 1–2 cm abschneiden. Je nach Spargeldicke etwa 12–15 Min. in einem Spargeltopf mit einer etwa 2 cm hohen Bodendecke Wasser und Zitronenscheibe garen.

● Für die Sauce 1 gestrichenen Teelöffel Orangenschale abreiben und die Orange zu Saft pressen.

● In einem Topf Gemüsebrühe und Wein aufkochen, Hitze reduzieren, Hefeflocken und Orangenschale unterrühren und mit Senf, Kurkuma, Cayennepfeffer, Thymian, Salz und Pfeffer abschmecken.

● Ahornsirup, 4 EL Orangensaft und die Pflanzensahne unterrühren, aufkochen und mit etwas Mehl zur gewünschten Konsistenz binden.

● Den fertigen Spargel mit der Sauce auf 2 Tellern anrichten und heiß servieren.

**Tipp** Anstelle von Gemüsebrühe können Sie auch die Spargelschalen und -enden mit etwas Wasser zu Sud kochen und diesen Sud verwenden.

Mit Grünkern statt Hackfleisch
# Spaghetti bolognese

Für 2 Personen
⏱ 30 Min.

80 g Grünkern, geschrotet (oder Dinkelschrot) • 120 ml Gemüsebrühe • 1 Zwiebel • 1 Knoblauchzehe • 1 Peperoni • 1 kleine, rote Paprikaschote • 1 Dose Tomaten, stückig oder passiert (400 ml) • 1 Bund frische Kräuter (z. B. Basilikum, Rosmarin, Petersilie, Salbei, Thymian, Oregano) oder 1–1½ EL getrocknete Kräuter • 250 g Vollkornspaghetti • Salz • Pfeffer • 1–2 TL Zitronensaft

● Grünkernschrot in einem Topf ohne Fett kurz anrösten, Gemüsebrühe hinzufügen, umrühren, aufkochen lassen, Herd ausschalten und zugedeckt 15 Min. quellen lassen. Dabei ab und zu umrühren.

● Zwiebel und Knoblauch fein hacken, Peperoni in feine Ringe schneiden. Paprika in feine Streifen oder Würfel schneiden. Zwiebel, Knoblauch und Peperoni in einer beschichteten Pfanne in wenig Wasser ca. 2–3 Min. dünsten. Die Grünkernmasse und ggf. noch etwas Wasser hinzufügen und mit einem Pfannenwender krümelig stoßen. Paprika und Tomaten unterrühren.

● Die frischen Kräuter mit Küchengarn zu einem Sträußchen binden und hinzufügen (alternativ: getrocknete Kräuter). Bei geschlossenem Deckel mindestens 15 Min. leise köcheln lassen. Währenddessen Spaghetti nach Packungsanleitung al dente garen und abseihen.

● Kräuterstrauß entfernen und die Sauce mit Salz und Pfeffer abschmecken, mit Zitronensaft aromatisieren und zu den Spaghetti servieren.

Raffiniertes Nudelgericht
# Nudeln mit Bohnen-Kugeln und Tomatensauce

Für 2 Personen
⏲ 35 Min.

Für die Bohnen-Kugeln: 250 g gegarte Kidneybohnen (oder andere) aus der Dose/Glas (alternativ 125 g Trockenware eingeweicht und gegart nach Packungsanleitung) • 75 g rohe Kartoffel • ½ Stange Lauch • 1 EL Tamari (Sojasauce) • 2 EL Paprika-Tomatenmark • ½ Bio-Zitrone, Abrieb • ½ TL Oregano • ½ TL Thymian • Salz, Pfeffer • 1 Msp. Chilipulver • 1 EL Vollkorn-Reismehl • 1 EL Erdnuss- oder Kokosöl
Für die Sauce: 1 Knoblauchzehe • 1 Dose Tomaten (400 g) • ½ TL Thymian • ½ TL Oregano • Salz • Pfeffer • ½ TL Zitronensaft
Für die Nudeln: 150 g Vollkornnudeln

● Bohnen mit dem Stabmixer zu einer Paste verarbeiten. Es dürfen noch feste Bestandteile sichtbar sein.

● Kartoffeln schälen und fein reiben. Lauch längs halbieren und in feine Halbringe schneiden. Mit den übrigen Zutaten zu einer Masse verkneten.

● Eine Auflaufform dünn mit Öl auspinseln. Aus der Masse etwa 14 kleine Kugeln formen, in der Auflaufform mit Abstand verteilen und bei 190 °C Ober-/Unterhitze im Backofen 10 Min. backen. Nach 10 Min. die Kugeln wenden und weitere 10 Min. backen.

● Für die Sauce die Knoblauchzehe fein hacken und mit den übrigen Zutaten in einer Pfanne etwa 10–15 Min. leise köcheln lassen. Vollkornnudeln in Salzwasser al dente garen. Die Nudeln auf 2 Tellern mit der Sauce und den gebackenen Bohnen-Kugeln anrichten und servieren.

◂ Spirelli in Kichererbsensauce

Mit gedämpfter Aubergine und Knusper-Tofu
# Spirelli in Kichererbsensauce

Für 2 Personen
⏲ 40 Min.

1 kleine Aubergine • 1–2 TL Salz • 1 Zwiebel • 1 Knoblauchzehe • 200 g gegarte Kichererbsen (Glas/Dose) • 150 ml Wasser • 1 EL Tahin (Sesammus) • Salz, Pfeffer • 150 g Naturtofu • 1 TL Erdnuss- oder Kokosöl • ¼ TL Paprikapulver, scharf • 1 EL Tamari (Sojasauce) • 200 g Vollkorn-Spirelli • 1 Bio-Orange, Abrieb und Saft • 1 Handvoll Rucola

● Aubergine längs vierteln, in mundgerechte Scheiben schneiden, kräftig einsalzen und 15 Min. ziehen lassen. Anschließend abwaschen und ca. 10–15 Min. dämpfen.

● Zwiebel und Knoblauch fein hacken und in wenig Wasser 2 Min. dünsten. Kichererbsen und Wasser hinzufügen und 10 Min. leise köcheln lassen. Tahin unterrühren, mit Salz und Pfeffer abschmecken und mit dem Stabmixer zu einer Sauce pürieren.

● Tofu sehr klein würfeln. Eine beschichtete Pfanne mit Öl auspinseln und die Tofuwürfel bei mittlerer Hitze rundum anbraten. Tamari hinzufügen, mit Salz, Pfeffer und Paprikapulver würzen und insgesamt etwa 10–15 Min. knusprig braten.

● Nudeln nach Packungsanleitung al dente garen.

● Orangensaft und -schale in einem Topf aufkochen und auf etwa die Hälfte einkochen lassen. Kichererbsensauce unterrühren und bei Bedarf noch mit etwas Nudelwasser verlängern. Auberginen unter die Sauce heben.

● Nudeln auf 2 Tellern verteilen, Sauce darüber geben und mit Knusper-Tofu und Rucola bestreut servieren.

Das fettarme Pesto ist einfach und genial
# Vollkornpasta mit Linsen und Basilikum-Pesto

Für 2 Personen
⊘ 40 Min.

Für die Pasta: 75 g Linsen (schwarz oder braun) • 200 g Vollkornpasta • 250 g Tomaten • 70 g frische Champignons • 1 Zwiebel • 1 Knoblauchzehe • 1 EL Tomatenmark • 1 TL Limettensaft (oder Zitrone) • ½ TL Paprika, edelsüß • Salz • Pfeffer • 1 Msp. Harissa oder Chilipulver (optional)
Für das Pesto: 1 Bund/Topf Basilikum (gern reichlich!) • 40 g Pinienkerne (oder gemahlene Mandeln) • 100 g Seidentofu • ca. ½ TL Salz • schwarzer Pfeffer • 1 EL Limettensaft (oder Zitrone)

● Linsen gemäß Packungsanleitung ohne Salz kochen, abseihen und beiseite stellen. Pasta gemäß Packungsanleitung al dente garen. Tomaten häuten und klein würfeln. Champignons in feine Würfel schneiden, Zwiebel und Knoblauch fein hacken.

● Zwiebel und Champignons in wenig Wasser in einer beschichteten Pfanne bei mittlerer Hitze etwa 3 Min. dünsten. Tomatenmark, Knoblauch und Tomatenwürfel hinzufügen und etwa 10 Min. zugedeckt leise köcheln lassen.

● Für das Pesto: Basilikumblätter, Pinienkerne oder gemahlene Mandeln und Seidentofu mit dem Stabmixer fein pürieren und mit Salz, Pfeffer und Limettensaft abschmecken.

● Die Linsen unter die Tomatensauce rühren und mit Paprika, Salz, Pfeffer, Limettensaft und auf Wunsch mit Harissa oder Chili abschmecken. Die Pasta mit der Tomaten-Linsen-Sauce auf 2 Tellern anrichten und mit einem großen Klecks Pesto servieren.

Mit Reisnudeln
# Spitzkohl-Tomaten-Shiitake-Gemüse aus dem Wok

Für 2 Personen
⊘ 30 Min.

250 g Reisnudeln • 250 g Spitzkohlblätter • 1 Zwiebel • 1 Knoblauchzehe • 150 g Shiitake-Pilze • 400 g Tomaten • 2 EL Tamari (Sojasauce) • 100 ml Weißwein (alternativ Gemüsebrühe) • 1 EL Zitronensaft • 1,5–2 EL scharfe oder milde Currypaste (vegan) • Salz • Pfeffer • ¼ Bund frischer Koriander (ersatzweise Petersilie)

● Nudeln nach Packungsanleitung al dente garen. Spitzkohlblätter in grobe Quadrate schneiden und für eine bessere Bekömmlichkeit 4–5 Min. in Salzwasser blanchieren, abseihen, kalt abschrecken und beiseite stellen.

● Zwiebel in halbe Ringe schneiden. Knoblauch schälen und fein hacken. Shiitake-Pilze in kleine Stücke schneiden. Tomaten häuten und würfeln.

● Etwas Wasser im Wok erhitzen, Zwiebel und Knoblauch darin 2 Min. bei mittlerer Hitze andünsten. Tamari und Weißwein hinzufügen, Zitronensaft und Currypaste unterrühren, Tomaten hinzufügen und etwa 5–10 Min. leise köcheln lassen.

● Blanchierte Spitzkohlblätter und Pilze untermengen, aufkochen und 1–2 Min. unter ständigem Wenden mitköcheln lassen. Anschließend mit etwas Salz und Pfeffer abschmecken. Reisnudeln vorsichtig unterheben und in der Sauce erwärmen. Den Koriander inklusive der feinen Stängel fein hacken. Das Gericht auf 2 Tellern anrichten und mit Koriander bestreut servieren.

↠ Spitzkohl-Tomaten-Shiitake-Gemüse aus dem Wok

Mit Apfel, Pilzen und gerösteten Kokos-Chips
## Vollkornreis mit Grünkohl-Curry

Für 2 Personen
⏱ 45 Min.

150 g Vollkornreis (evtl. über Nacht eingeweicht für eine schnellere Garzeit) • 350 g frischer Grünkohl • 1 rote Zwiebel • 1 Apfel • 50 g Shiitake-Pilze (oder Champignons) • 125 ml Kokosmilch • 1 TL Currypulver, scharf • Salz • Pfeffer • 3 EL Kokos-Chips • 2 EL ungesüßter Sojajoghurt

● Reis gemäß Packungsanleitung garen. Grünkohl waschen, harte Stiele entfernen, in Streifen schneiden und in Salzwasser 3 Min. blanchieren, abseihen und kalt abschrecken.

● Zwiebel in feine Ringe, Apfel in feine Würfel und Pilze in grobe Stücke schneiden, dann in wenig Wasser (oder Weißwein) in einer beschichteten Pfanne 2–3 Min. dünsten.

● Grünkohl untermischen und die Kokosmilch unterrühren. Mit Curry, Salz und Pfeffer lecker abschmecken. Zugedeckt noch 5 Min. bei geringer Hitze leise köcheln lassen, dann den Reis und den Sojajoghurt behutsam untermischen.

● Kokos-Chips in einer Pfanne ohne Fett hellbraun rösten. Das Gericht mit Kokos-Chips bestreut servieren.

◀ Runder Dinkel-Spinat-Braten

Veganer Sonntagsbraten
## Runder Dinkel-Spinat-Braten

Für 1 Springform (18–20 cm, reicht für 4 Personen)
⏱ ca. 35 Min. + 30 Min. Backzeit

200 g Dinkelschrot • 400 ml Gemüsebrühe • 350–400 g frischer Blattspinat (oder 200 g TK) • 1 Zwiebel • 1 Knoblauchzehe • 100 g rohe Kartoffel • 100 g Tofu natur • 1 EL Senf • Salz • Pfeffer • 1 Msp. Muskat • 1 Msp. Chilipulver • 1 EL Majoran, getrocknet • 1 Apfel

● Dinkelschrot mit 400 ml Gemüsebrühe aufkochen, 15 Min. im geschlossenen Topf leise köcheln lassen und weitere 15 Min. ausquellen lassen.

● Spinatblätter 2–3 Min. in kochendem Salzwasser blanchieren, abseihen, kalt abschrecken und abtropfen lassen. Zwiebel und Knoblauch fein hacken und in wenig Wasser 3 Min. dünsten, bis das Wasser verdampft ist.

● Kartoffel ggf. schälen und sehr fein reiben. Tofu mit der Gabel krümelig zerdrücken mit Kartoffel, Zwiebel, Knoblauch, Senf und den Gewürzen vermischen. Leicht abgekühlten Dinkelschrot und Spinat hinzufügen und mit den Händen zu einem Teig verkneten.

● Den Teig in eine mit Backpapier ausgelegte kleine Springform drücken und im vorgeheizten Backofen auf der mittleren Schiene bei 200 °C Ober-/Unterhitze etwa 30 Min. backen.

● Apfel in Spalten schneiden und 15 Min. vor Ende der Backzeit fächerartig auf der Bratenoberfläche verteilen. Fertigen Braten in Scheiben schneiden und servieren.

**Das passt dazu** »Käsesahnesauce« (Seite 106)

Essen auch die Kinder gern (dann ohne Rotwein zubereiten)
# Schnelle mexikanische Lasagne

Für 2–4 Personen
⏲ 20 Min. + 30 Min. Backzeit

- 1–2 Knoblauchzehen
- 1 Zwiebel
- 1–2 dünne Scheiben frischer Ingwer
- 1 grüne Paprikaschote
- 50 ml Kokosmilch
- 1 Dose Tomatenstücke mit Saft (400 g)
- 1 TL Zitronensaft
- 1 TL Ahornsirup
- 1 TL Kreuzkümmel, gemahlen
- ½ TL Koriander, gemahlen
- ½ TL Chilipulver (oder mehr!)
- ca. 1 TL Salz
- Pfeffer
- 100 g Maiskörner
- 300 g Hülsenfrüchte-Mix (Glas oder Dose)
- ca. 50 ml Rotwein oder Gemüsebrühe
- 1 Packung Vollkorn-Lasagne-Blätter (250 g)
- 4 EL Kokosmilch
- ½ Bund frischer Koriander

● Knoblauch, Zwiebel und Ingwer fein hacken. Paprika in feine Würfel schneiden.

● Kokosmilch in einer beschichteten Pfanne erhitzen, Knoblauch, Zwiebel und Ingwer darin 2–3 Min. anbraten, Paprikawürfel hinzufügen und kurz mitbraten.

● Tomaten inkl. Saft dazugeben und mit dem Zitronensaft, Ahornsirup und den Gewürzen lecker abschmecken.

● Maiskörner und gegarte Hülsenfrüchte unterrühren und erhitzen. Noch etwas Wein oder Gemüsebrühe angießen, damit die Masse ausreichend flüssig ist.

● Auflaufform (die so groß ist, dass 3–4 Lasagne-Blätter nebeneinander eine geschlossene Fläche bilden) leicht einfetten.

● Lasagne-Blätter in die Auflaufform legen, dann die Hälfte des Pfanneninhalts darauf verteilen und darauf achten, dass die Lasagneblätter vollständig mit der Sauce bedeckt sind, sonst werden sie nicht weich. Mit einer Lage Lasagne-Blätter zudecken, dann den restlichen Pfanneninhalt darauf verteilen und mit einer Lage Lasagne-Blätter abschließen. Diese gleichmäßig mit Kokosmilch bepinseln.

● Die Auflaufform mit Alufolie verschließen. Im vorgeheizten Backofen bei 200 °C Ober-/Unterhitze ca. 35–40 Min. backen.

● Den Koriander fein hacken und die fertige Lasagne damit bestreut servieren.

**Variante** Ich nehme ungern Zutaten aus Dosen. Anstelle von 300 g Hülsenfrüchten-Mix aus der Dose können Sie auch 150 g Trockenware verwenden, die Sie mindestens 12 Stunden einweichen und nach Packungsanleitung garen.

Vollkornreis wird schneller gar, wenn Sie ihn vorher ein paar Stunden einweichen
# Vollkorn-Risotto mit Knusper-Tofu und Kümmel

Für 2 Personen
⏱ 55 Min.

Für das Risotto:
- 1 Stange Sellerie
- 1 Zwiebel
- 1 Knoblauchzehe
- 75 ml Rotwein
- 150 g Vollkornreis (Risotto- oder Rundkornreis)
- ½ TL Thymian, getrocknet
- ½ TL Oregano, getrocknet
- 1 Lorbeerblatt
- ½ TL Paprika, edelsüß
- ½ TL Zitronenabrieb
- 1–2 Msp. Chilipulver
- 1 Dose Tomaten, stückig
- ca. 450 ml Wasser
- Salz
- schwarzer Pfeffer

Für den Knusper-Tofu:
- 1 geh. TL Kümmel, ganz
- 1 EL Erdnuss- oder Kokosöl
- 150 g fester Naturtofu
- 2 EL Tamari (Sojasauce)
- Salz
- Pfeffer
- Paprika, edelsüß oder scharf

● Sellerie in feine Ringe schneiden, Zwiebel und Knoblauch fein hacken. Wenig Wasser in einer beschichteten Pfanne erhitzen, Sellerie, Zwiebel und Knoblauch darin etwa 3 Min. bei mittlerer Hitze dünsten, bis das Wasser verdampft ist. Rotwein angießen und auf die Hälfte einkochen lassen.

● Reis, Thymian, Oregano, Lorbeerblatt, Paprika (edelsüß), Zitronenabrieb, Chilipulver, die Tomaten (inkl. Saft) und einen Teil des Wassers hinzufügen und unter gelegentlichem Umrühren ohne Deckel leise köcheln lassen.

● Nächste Portion Flüssigkeit immer erst zugießen, wenn der Reis die Flüssigkeit aufgenommen hat. Insgesamt 45–55 Min. garen (bei Vollkornreis), bis der Reis weich, aber noch bissfest ist. Mit Salz und Pfeffer würzen und eventuell mit den anderen Gewürzen nochmals lecker abschmecken.

● Währenddessen den Tofu in 1 cm kleine Würfel schneiden. In einer beschichteten Pfanne ohne Fett den Kümmel rösten, bis er zu duften beginnt, aus der Pfanne nehmen und im Mörser grob zerstoßen.

● Die Pfanne mit Öl auspinseln und die Tofuwürfel bei mittlerer bis kleiner Hitze unter Wenden von allen Seiten anbraten. Tamari hinzufügen (gibt eine schöne Bräune), mit Salz, Pfeffer und Paprikapulver bestäuben und unter gelegentlichem Wenden knusprig braun braten (ca. 15 Min.).

● Das Risotto mit Knusper-Tofu und Kümmel bestreut servieren.

**Tipp** Vollkornreis bitte ohne Salz und ohne Gemüsebrühe (enthält Salz) garen. Sonst kann sich die Zubereitungszeit um fast 30 Min. verlängern.

# BACKEN

Neben Brot und Brötchen finden Sie in diesem Kapitel auch leckere Rezepte für Kuchen und Kekse. Ab und zu wollen und sollen wir uns das Leben einfach versüßen dürfen! Wie in der Einleitung ausgeführt, sollten Zucker und Zuckerersatzstoffe aber nicht zur täglichen Gewohnheit gehören.

Ich habe in diesen Kuchenrezepten sowohl das Fett als auch die Süße auf ein Minimum reduziert. Zum Süßen verwende ich neben frischen und getrockneten Früchten entweder Ahornsirup, Dattelzucker (Dattelsüße) oder Kokosblütenzucker. Experimentieren Sie selbst, welche Art und Menge an süßen Zutaten Ihnen, Ihrer Familie und Ihren Gästen angenehm ist. Eventuell sind Ihnen meine Mengenangaben zu wenig oder bereits zu viel. Vielleicht bevorzugen Sie auch doch einen nachhaltig erzeugten Bienenhonig. Honig hat ca. die 1,5-fache Süßkraft von gewöhnlichem Haushaltszucker. Sie brauchen davon also weniger.

Meine Mengenangaben in den folgenden Rezepten sind auch meinen nicht »süßentwöhnten Gästen« stets ein unaufgefordertes Lob wert, gerade weil meine Kuchen sich durch eine angenehme und milde Süße auszeichnen. Probieren Sie den Teig am besten, ob er Ihnen süß genug ist, bevor Sie Kuchen oder Kekse im Ofen backen und süßen bei Bedarf etwas nach.

◂ Aprikosen-Orangen-Tarte, Seite 74

## Für den Kaffeebesuch oder als Dessert
# Aprikosen-Orangen-Tarte

Für 1 Springform (28 cm)
⏲ 40 Min. + 25 Min. Backzeit

Für den Belag: 230 g getrocknete Aprikosen • 300 ml frisch gepresster Orangensaft • 1 Bio-Orange, Abrieb • ¼ TL Kardamom, gemahlen (oder Zimt)
Für den Teig: 220 g Vollkornmehl • 1 Prise Salz • 30 ml Mandel- oder Sonnenblumenöl • 50 g Mandeln oder Nüsse, gemahlen • ca. 100 ml kohlensäurehaltiges Wasser
Für die Garnitur: Orangen- und Kiwischeiben, Kürbiskerne

● Aprikosen in dem Orangensaft 30 Min. zugedeckt köcheln lassen und gelegentlich umrühren.

● Währenddessen aus den Teigzutaten min. 5 Min. einen Teig kneten, in Frischhaltefolie wickeln und bis zum weiteren Gebrauch kalt stellen.

● Orangenabrieb und Kardamom zu den gekochten Aprikosen geben und alles fein pürieren.

● Eine Springform mit Backpapier auslegen, den Teigboden ausrollen und in die Springform drücken. Dabei einen Rand formen und überstehendes Backpapier abschneiden.

● Das Püree gleichmäßig auf den Teigboden streichen und bei 180 °C Ober-/Unterhitze etwa 25 Min. auf der untersten Schiene backen.

● Die abgekühlte Tarte mit fein geschnittenen Orangenscheiben, Kiwischeiben und Kürbiskernen garnieren.

**Variante** Anstelle von getrockneten Aprikosen können Sie getrocknete Bergfeigen oder Pflaumen verwenden.

## Der Klassiker, doch fettarm und ohne Eier
# Marmorkuchen

Für eine Gugelhupf-Form
⏲ 25 Min. + 55 Min. Backzeit

375 g Weizenvollkornmehl (oder Dinkel) • 1 EL Johannisbrotkernmehl • 1 EL Weinstein-Backpulver • 1 EL Natron • 1 TL Vanillepulver • 60 g gemahlene Mandeln • 80 ml Mandelöl • 250 ml Ahornsirup • 3 EL Gin (oder Rum) • 1 EL Apfelessig • 1 EL Zitronensaft • 100 g Apfelmark, ungesüßt • ca. 150 ml kohlensäurehaltiges Mineralwasser • 40 g Kakaopulver • ca. 40 ml kohlensäurehaltiges Mineralwasser • Erdnussöl oder Kokosöl zum Einfetten • 2 EL Semmelbrösel

● Mehl, Johannisbrotkernmehl, Backpulver, Natron, Vanille und Mandeln in einer Schüssel mischen. Öl in einer separaten Schüssel 3 Min. mit dem Handrührgerät kräftig aufschlagen.

● Ahornsirup, Gin, Essig, Zitronensaft und Apfelmark unter das Öl rühren, dann portionsweise Mehl und Wasser unterrühren, bis ein glatter Rührteig entsteht. Teig etwa 5 Min. nachquellen lassen und danach ggf. noch etwas Wasser unterrühren.

● Gugelhupfform einfetten und mit Semmelbröseln ausstreuen; ⅔ des Teiges in die Form geben. Unter den restlichen Teig Kakao und etwas Wasser unterrühren. Den dunklen Teig auf den hellen Teig geben und mit einer Gabel spiralförmig durch den hellen Teig ziehen (für die Marmorierung).

● Bei 180 °C Ober-/Unterhitze auf der mittleren Schiene 50–60 Min. backen (Stäbchenprobe machen!). In der Form auskühlen lassen und stürzen.

▸ Marmorkuchen

Wenn Ihnen zu Quitten bisher nur Kompott einfiel, probieren Sie unbedingt diesen Kuchen!

# Quittenkuchen

Für 1 Springform (26 cm)
ca. 1 Stunde + 35 Min. Backzeit

Für den Teig:
- 300 g Dinkelvollkornmehl
- 100 g gemahlene Mandeln
- 1 Prise Salz
- 50 ml Ahornsirup
- 50 g Apfelmark, ungesüßt
- 40 ml Mandel- oder Sonnenblumenöl
- bei Bedarf etwas kohlensäurehaltiges Wasser
- 1–2 EL Semmelbrösel

Fülle 1:
- ca. 1,3 kg Quitten (1 kg Quittenwürfel netto)
- 25 g Ingwer, gerieben (netto)
- 1 Zimtstange
- 60 g Ahornsirup (oder mehr)

Fülle 2:
- 100 g Naturtofu
- 250 g Seidentofu
- 60 g Ahornsirup (oder mehr)
- 1 Päckchen veganes Vanille-Puddingpulver

● Für den Boden alle Zutaten mindestens 5 Min. zu einem Teig kneten. Bei Flüssigkeitsbedarf noch etwas kohlensäurehaltiges Wasser hinzufügen. Den Teig in Frischhaltefolie wickeln und 1 Stunde in den Kühlschrank legen.

● Für die 1. Fülle Quitten säubern, schälen und das Fruchtfleisch in sehr kleine Stücke schneiden.

● Alle Zutaten der 1. Fülle in einer beschichteten Pfanne unter gelegentlichem Wenden zugedeckt dünsten, bis die Quitten eine musige Konsistenz haben. Evtl. etwas Wasser hinzufügen, damit nichts am Pfannenboden kleben bleibt, und gelegentlich umrühren. Zimtstange entfernen und die Masse etwas abkühlen lassen.

● Für die 2. Fülle alle Zutaten in einem Mixer fein pürieren.

● Die Springform mit Backpapier auslegen. Zwei Drittel des Teiges kreisrund ausrollen und in die Form drücken. Bitte seitlich einen Rand hochdrücken. Den Teigboden mit Semmelbröseln bestreuen.

● Zuerst die Fülle 1 und anschließend die Fülle 2 auf den Teigboden streichen. Das verbliebene Teigdrittel sehr dünn ausrollen, beliebige Formen ausstechen (Herzchen, Sterne…) und oben auf der 2. Fülle verteilen. Über den Rand stehendes Backpapier mit einer Schere abschneiden.

● Im Ofen bei 190 °C Ober-/Unterhitze ca. 35 Min. backen.

**Tipp** Noch schöner sieht der Kuchen aus, wenn Sie 2 Esslöffel Quittengelee mit 1–2 Esslöffeln Orangen- oder Mandarinensaft aufkochen und die ausgestochenen Formen auf dem abgekühlten Kuchen damit gleichmäßig bestreichen.

Überzeugt auch ohne Quark und Eier
# Käsekuchen mit Fruchtgarnitur

Für eine Springform (26–28 cm)
⊘ 20 Min. + Kühl- und Backzeit

Für den Boden: 180 g Vollkornmehl • 2 TL Backpulver • 80 g gemahlene Mandeln • 1 Msp. Salz • ½ TL Vanillepulver • 50 g Apfelmark • 40 ml Mandel- oder Sonnenblumenöl • 2 EL Semmelbrösel
Für die Füllung: 800 g Seidentofu • 400 g Naturtofu • 2 Bio-Zitronen • 150 ml Ahornsirup • 2 TL Vanillepulver oder das Mark von 2 Vanilleschoten • 15 g Johannisbrotkernmehl
Für die Garnitur: frische Früchte der Saison, wie z. B. Erdbeeren, Heidelbeeren, Birnenschnitze (nach Belieben)

● Mehl, Backpulver, Mandeln, Salz und Vanillepulver in einer Schüssel mischen, Apfelmark und Öl hinzufügen und von Hand in mindestens 5 Min. einen Teig kneten. Bei Flüssigkeitsbedarf etwas kohlensäurehaltiges Mineralwasser hinzufügen. Den Teig in Frischhaltefolie wickeln und mindestens eine halbe Stunde in den Kühlschrank legen.

● Die Springform einfetten oder mit Backpapier auslegen. Den Teig ausrollen und in die Form drücken, dabei einen Rand formen. Im vorgeheizten Backofen bei 180 °C Ober-/Unterhitze 15 Min. vorbacken. Anschließend mit Semmelbröseln bestreuen.

● Für die Füllung alle Zutaten in einem Mixer cremig mixen und gleichmäßig auf dem Teigboden verteilen. Im vorgeheizten Ofen bei 180 °C Ober-/Unterhitze 55–60 Min. backen. Backofen ausschalten und im geschlossenen Ofen abkühlen lassen. Den Käsekuchen mit Früchten der Saison garnieren.

Für überraschenden Kaffeebesuch
# Klecks-Kekse mit Walnüssen

Für etwa 30 Stück
⊘ 20 Min. + ca. 10 Min. Backzeit

250 g Buchweizen-Vollkornmehl • ¼ TL Salz • ½ TL Backpulver • ½ TL Natron • 1 gestr. TL Johannisbrotkernmehl • 1 TL Vanillepulver • 3 EL Kokosraspel • 1 EL Kakao • 30 ml Sonnenblumen- oder Mandelöl • 150 ml Ahornsirup • 150 g Apfelmark, ungesüßt • 50 ml kohlensäurehaltiges Wasser • 40 g gehackte Walnüsse • 3 TL Aprikosen- oder Quittengelee

● Buchweizenmehl in eine Schüssel sieben. Salz, Backpulver, Natron, Johannisbrotkernmehl, Vanillepulver, Kokosraspel und Kakao untermischen.

● Öl mit einem Handrührgerät in einer separaten Schüssel ca. 3 Min. aufschlagen, Ahornsirup und Apfelmark unterrühren und portionsweise die Mehlmischung unterrühren. Zum Schluss das Mineralwasser und die Walnüsse hinzugeben und gut vermengen. Den Teil 5 Min. quellen lassen.

● Zwei Backbleche mit Backpapier auslegen und den Teig mit 2 Teelöffeln, die Sie immer wieder in eine Schüssel mit kaltem Wasser tauchen, auf das Backblech »klecksen«, dabei einen Abstand von ca. 3 cm lassen, weil die Kekse beim Backen noch aufgehen.

● Kekse bei 190 °C Ober-/Unterhitze etwa 12 Min. backen (Stäbchenprobe!) und auf einem Kuchengitter auskühlen lassen. In einem Heißluftofen können Sie beide Bleche auf der 1. und 3. Schiene auf einmal backen. Umluft trocknet zu sehr aus. Gelee mit 1 EL Wasser aufkochen und die noch warmen Kekse damit bepinseln.

Toll im Sommer: am besten eisgekühlt

# Originelle Honigmelonen-Torte

Für 1 Springform (28 cm)
⏱ 45 Min. inkl. Backzeit

Für den Teig: 150 g Dinkelvollkornmehl • 80 g gemahlene Mandeln • 1 Msp. Salz • 1 TL Backpulver • 2 EL Ahornsirup • 2 EL Sonnenblumen- oder Mandelöl • ca. 40 ml Wasser
Für den Belag: 750 g Fruchtfleisch von 1 bzw. 2 reifen Honigmelonen • 120 ml kaltes Wasser • 2 TL Johannisbrotkernmehl (10 g) • 8 EL Ahornsirup
Für die Garnitur: ca. 15 Pfefferminzblättchen

● Mehl, Mandeln, Salz und Backpulver in einer Schüssel mischen und mit Ahornsirup, Öl und ggf. etwas Wasser min. 5 Min. zu einem geschmeidigen Teig kneten.

● Den Teig ausrollen und in eine mit Backpapier ausgelegte Springform geben und einen Rand formen. Im vorgeheizten Backofen bei 190 °C Ober-/Unterhitze 15 Min. vorbacken.

● Für den Belag das Fruchtfleisch der Honigmelone pürieren. In 120 ml kaltem Wasser das Johannisbrotkernmehl mit einem Schneebesen klümpchenfrei anrühren und anschließend unter die Honigmelonenmasse nach und nach einrühren. Die Masse in einem Topf zum Kochen bringen, bis sie sich etwas eingedickt hat.

● Die Masse auf dem Tortenboden verteilen und weitere 15–20 Min. bei 190 °C Ober-/Unterhitze backen und vollständig auskühlen lassen.

● Vor dem Servieren Pfefferminzblättchen fein hacken und auf dem Kuchen verteilen.

◁ Zwetschgenkuchen

Schmeckt am besten mit sehr reifen Zwetschgen

# Zwetschgenkuchen

Für 1 Backblech
⏱ ca. 1 Stunde + 35 Min. Backzeit + Einweichzeit Datteln

Für den Teig: 75 g Datteln ohne Stein • 300 g Dinkelvollkornmehl • 100 g gemahlene Mandeln • 1 Prise Salz • 100 ml Pflanzenmilch, ungesüßt • 20 g frische Hefe • 40 ml Sonnenblumenöl (oder Mandelöl) • kohlensäurehaltiges Wasser
Für den Belag: 1,2 kg Zwetschgen • 1 EL Vollkornmehl • 1 gestr. TL Zimt • 50 g Datteln ohne Stein • 50 g Mandelstifte

● Datteln in ca. 100 ml Wasser mind. 3 Stunden einweichen, abseihen und zu Mus mixen. Mehl, Mandeln und Salz in einer Schüssel vermischen, Hefe mit dem Schneebesen in lauwarmer Pflanzenmilch auflösen, mit dem Öl und Dattelmus zum Mehl geben und ca. 5 Min. von Hand einen Teig kneten.

● Nach und nach so viel kohlensäurehaltiges Wasser zugeben, dass sich ein fester Teig ergibt (der Teig ist etwas klebrig, kein Mehl zugeben, sondern eher die Hände nass machen). An einem warmen Ort ca. 45 Min. gehen lassen.

● Zwetschgen mit einem Messer längs auf einer Seite aufschneiden und den Stein entfernen. Mehl und Zimt mischen. Datteln sehr fein hacken und in der Mehl-Zimt-Mischung wenden, damit sie nicht zusammenkleben.

● Teig auf einem mit Backpapier ausgelegten Blech ausrollen, die Zwetschgen dicht auf dem Teigboden verteilen, mit Datteln und Mandeln bestreuen und im Backofen bei 200 °C Ober-/Unterhitze etwa 35 Min. backen.

Echte – relativ zuckerreiche! – Köstlichkeit, für besondere Anlässe

# Rhabarberkuchen mit Vanillecreme und Mandeln

Für 1 Backblech
1 Std + 35–40 Min. Backzeit

Für die Rhabarber-Vanillecreme:
- 1 kg Rhabarber
- 130 g Kokosblüten- oder Dattelzucker (Bioladen)
- 2 Vanilleschoten (oder 2 TL Vanillepulver)
- 400 g Seidentofu
- 400 g Naturtofu
- 1 TL Johannisbrotkernmehl

Für den Teig:
- 300 g Dinkel- oder Weizenvollkornmehl
- 100 g gemahlene Mandeln
- 1 TL Vanillepulver
- 1 TL Backpulver
- 1 TL Johannisbrotkernmehl
- 70 g Kokosblüten- oder Dattelzucker
- 100 ml Sonnenblumen- oder Mandelöl
- 300 g Apfelmark, ungesüßt
- 200 ml kohlensäurehaltiges Mineralwasser

Für das Topping:
- 50 g gehobelte Mandeln
- 30 g Kokosblüten- oder Dattelzucker

● Rhabarber waschen, die Fäden abziehen, in etwa 2 cm lange Stücke schneiden, in einer großen Schüssel mit dem Zucker gleichmäßig vermischen und ruhen lassen.

● Für den Teig das Mehl in eine Schüssel sieben, Mandeln, Vanillepulver, Backpulver, Johannisbrotkernmehl und Zucker untermischen.

● Das Öl in einer großen Schüssel mit dem Handrührgerät 3 Min. schlagen, dabei die Schüssel schräg halten. Apfelmark unterrühren und esslöffelweise die Mehlmischung unterrühren. Zum Schluss das kohlensäurehaltige Wasser unterrühren, bis ein glatter Rührteig entsteht.

● Ein Backblech mit Erdnuss- oder Kokosöl einfetten und den Rührteig mit einem Teigschaber gleichmäßig darauf verstreichen.

● Für die Creme das Mark der Vanilleschoten auskratzen und zusammen mit dem Seiden- und Naturtofu und dem Johannisbrotkernmehl im Mixer gut pürieren.

● Die Masse zu dem gezuckerten Rhabarber geben, gut vermischen und esslöffelweise auf den Rührboden verteilen. Mit einem Teigschaber glattstreichen.

● Im vorgeheizten Backofen ca. 35–40 Min. bei 200 °C Ober-/Unterhitze auf der mittleren Schiene backen.

● Für das Topping Mandelblättchen und Zucker vermischen und ca. 10 Min. vor Ende der Backzeit über den Kuchen verteilen.

**Variante** statt Rhabarber 1 kg reife süße Aprikosen und evtl. noch 150 g Heidelbeeren verwenden, die Zuckermenge halbieren und beim Topping ganz weglassen

Ideal als Pausensnack zum Kaffee oder Tee
# Schoko-Plätzchen mit Apricoture

Für etwa 30 Stück
⏲ 30 Min. + 2 Std. Ruhezeit + ca. 25 Min. Backzeit

Für den Teig: 225 g Dinkelvollkornmehl • 125 g gemahlene Mandeln • 1 TL Backpulver • 1 Msp. Salz • 2 EL Kakaopulver • ¼ TL Kardamom gemahlen (oder Zimt) • 1 reife Banane • 130 g Apfelmark, ungesüßt • 125 ml Kokosmilch • ca. 80 ml Ahornsirup
Für die Apricoture: 3–4 EL Aprikosenmarmelade • ½ Orange, Saft • 3–4 EL Kakao-Nibs

● Die trockenen Zutaten in einer Schüssel vermischen, Banane mit einer Gabel zerdrücken und mit den übrigen Zutaten von Hand mindestens 5 Min. zu einem geschmeidigen Teig kneten. Wenn der Teig etwas klebrig ist, bitte die Hände mit Wasser anfeuchten.

● Teig in 2 Teile teilen und in Frischhaltefolie zu einer Rolle mit einem Durchmesser von ca. 4–5 cm rollen. Im Kühlschrank 2 Stunden ruhen lassen.

● Die Teigrollen in ca. 1 cm dicke Scheiben schneiden und mit etwas Abstand auf ein mit Backpapier ausgelegtes Backblech legen. Die einzelnen Plätzchen können auch noch mit den Fingern beliebig geformt werden.

● Im vorgeheizten Backofen bei 180 °C Ober-/Unterhitze etwa 20–25 Min. backen und die Kekse auf einem Kuchengitter auskühlen lassen.

● Aprikosenmarmelade mit Orangensaft in einem Topf aufkochen und durch ein Sieb passieren. Die erkalteten Kekse damit gleichmäßig bestreichen, mit Kakao-Nibs bestreuen und trocknen lassen.

Zum Frühstück, zum Tee oder Kaffee, zum Wein …
# Hefezopf

Für 2 Zöpfe
⏲ 15 Min. + 1 Std. Gehzeit + ca. 25 Min. Backzeit

1 kg Dinkelvollkornmehl • 10 g Meersalz • 1 Würfel Hefe (42 g) • 400 ml Pflanzenmilch, ungesüßt • 80 g Dattelzucker • 50 ml Mandel- oder Sonnenblumenöl • 1 Bio-Zitrone • ca. 230 ml kohlensäurehaltiges Mineralwasser • 2 EL Aprikosenmarmelade • 2 EL Orangensaft • 40 g Mandeln, gehackt oder gehobelt

● Mehl und Salz in einer Teigschüssel mischen. Pflanzenmilch auf dem Herd leicht erwärmen (lauwarm), die Hefe mit dem Schneebesen unterrühren und die Flüssigkeit zum Mehl geben. Dattelzucker und Öl sowie abgeriebene Schale einer Zitrone hinzufügen und von Hand min. 8 Min. einen geschmeidigen Teig kneten. Das Wasser während des Knetens bei Bedarf nach und nach hinzufügen. Den Teig zugedeckt an einem warmen Ort etwa 45 Min. gehen lassen.

● Den Teig nochmals durchkneten, in 6 gleich große Teile teilen, jeweils zu langen Schlangen ausrollen, aus je 3 Schlangen einen Zopf flechten. Die beiden geflochtenen Zöpfe auf ein mit Backpapier ausgelegtes Blech legen und mit einem Küchentuch bedeckt noch einmal 15 Min. gehen lassen.

● Marmelade mit Orangensaft aufkochen, durch ein Sieb passieren und die beiden Zöpfe damit einpinseln. Mit Mandeln bestreuen und im Ofen bei 190 °C Ober-/Unterhitze etwa 25 Min. backen.

Ideal zum Frühstück, für den Hunger zwischendurch oder als Snack unterwegs

# Dinkel-Müslistangen

Für 8 Stück
⏱ 20 Min. + 25 Min. Backzeit + 6–8 Std. Quellzeit + Gehzeit

Für die Müsli-Mischung:
- 35 g Bio-Apfel
- 25 g Rosinen
- 20 g gehackte Walnüsse
- 25 g Sesam
- 25 g Sonnenblumenkerne
- 35 g Haferflocken
- 70 ml Wasser
- 2 EL Ahornsirup

Für den Teig:
- 250 g Dinkelvollkornmehl
- 5 g Meersalz
- 8 g frische Hefe
- ca. 70 ml lauwarmes Wasser
- 75 g Apfelmark, ungesüßt
- 2 EL Ahornsirup

Außerdem:
- 1–2 Tassen Haferflocken

● Für die Müsli-Mischung ungeschälten Apfel in sehr kleine Würfel schneiden und mit den übrigen Zutaten in einer Schüssel verrühren, sehr knapp mit dem Wasser bedecken und zugedeckt 6–8 Stunden quellen lassen. (Uneingeweicht würden die Saaten dem Brötchenteig Feuchtigkeit entziehen!)

● Mehl und Salz in einer Teigschüssel mischen. Mit wenig vom Wasser die Hefe mit einem Schneebesen auflösen und die Flüssigkeit über das Mehl geben. Apfelmark und Ahornsirup hinzufügen, restliches Wasser nur bei Bedarf zugeben und mindestens 8 Min. einen geschmeidigen Teig kneten. Zum Schluss die Müslimischung unterkneten. Den Teig zugedeckt an einem warmen Ort 45 Min. gehen lassen.

● Den Backofen auf 240 °C Ober-/Unterhitze vorheizen und ein leeres Backblech oder eine feuerfeste Pfanne auf den Boden stellen (keine feuerfeste Auflaufform!).

● Den Teig nochmals durchkneten und Teigstücke à 80 g abwiegen. Diese zu Stangen formen, kurz in lauwarmes Wasser tauchen, dann in einer Schale mit Haferflocken wälzen und auf ein mit Backpapier ausgelegtes Backblech legen.

● Das Backblech in die mittlere Schiene des Backofens schieben und ca. 200 ml kaltes Wasser vorsichtig in das untere Backblech oder die feuerfeste Pfanne schütten. Vorsicht, ergibt starken Dampf! Die Backofentür sofort schließen.

● Nach 10 Min. die Temperatur auf 210 °C reduzieren und das mit Wasser gefüllte Blech oder die Pfanne aus dem Backofen nehmen. Müslistangen weitere 10–15 Min. backen, dann aus dem Ofen nehmen und auf einem Kuchengitter auskühlen lassen.

Backen : Leckere No-Fat-Rezepte

Gelingen auch mit Emmer, Kamut oder Einkorn
## Einfache Vollkornbrötchen

Für 11 Brötchen
⏱ 20 Min. + Backzeit + Gehzeit

500 g Dinkel- oder Weizenvollkornmehl • 10 g Salz • 15 g frische Hefe • ca. 270 ml lauwarmes Wasser • zum Bestreuen z. B. Sesam, Sonnenblumenkerne, Kürbiskerne oder Mohn

● Mehl und Salz in einer Schüssel mischen. Die Hefe in einem Teil des Wassers auflösen und zum Mehl geben. Den Teig ca. 8–10 Minuten von Hand kneten, dabei das restliche Wasser nach und nach zugeben.

● Teig 60 Minuten an einem warmen Ort zugedeckt gehen lassen. Anschließend noch mal durchkneten und zugedeckt weitere 10 Minuten ruhen lassen.

● Für ein einheitliches Backergebnis 70-g-Teigstücke abwiegen. Diese zu runden oder länglichen Brötchen formen und auf ein mit Backpapier ausgelegtes Backblech legen. Nicht flach drücken! Mit einem Geschirrtuch bedecken und weitere 15 Minuten bei Zimmertemperatur ruhen lassen.

● Die Brötchen mit einer Blumenspritze mit Wasser gut besprühen, mit Ölsaaten oder Kernen bestreuen und im vorgeheizten Backofen bei 210 °C auf der mittleren Schiene ca. 15 Minuten backen.

● Blech aus dem Ofen nehmen, die Brötchen sofort mit wenig Wasser besprühen und auf einem Kuchengitter auskühlen lassen. Die Brötchen sind fertig, wenn sie eine leichte Bräune haben und »hohl klingen«, wenn man auf die Unterseite klopft.

◂ Einfache Vollkornbrötchen

Die Rosinen geben eine milde Süße
## Rosinenbrötchen

Für 15 Stück
⏱ 25 Min. + 15 Min. Backzeit + Gehzeit

100 g Rosinen • 100 ml Wasser oder Apfelsaft • 500 g Dinkel- oder Weizenvollkornmehl • 10 g Salz • 15 g frische Hefe • ca. 150 ml lauwarmes Wasser • 75 g Apfelmark • 4 EL Ahornsirup

● Rosinen in Wasser oder Apfelsaft über Nacht einweichen.

● Mehl und Salz in einer Schüssel mischen. Die Hefe in einem Teil des Wassers auflösen und zum Mehl geben. Rosinen (die die Flüssigkeit beim Einweichen vollständig aufsaugen) und Ahornsirup hinzufügen und von Hand 8–10 Min. einen geschmeidigen Teig kneten, dabei das restliche Wasser nach und nach zugeben.

● Den Teig zugedeckt an einem warmen Ort 60 Min. gehen lassen. Den Teig noch mal durchkneten und zugedeckt weitere 10 Minuten ruhen lassen.

● Für ein einheitliches Backergebnis 70-g-Teigstücke abwiegen. Diese zu Kugeln formen und auf ein mit Backpapier ausgelegtes Backblech legen. Mit einem Geschirrtuch bedecken und weitere 15 Minuten bei Zimmertemperatur ruhen lassen.

● Die Brötchen gut mit Wasser besprühen, und im vorgeheizten Backofen bei 210 °C auf der mittleren Schiene ca. 15 Minuten backen. Blech aus dem Ofen nehmen, die Brötchen sofort mit wenig Wasser besprühen und auf einem Kuchengitter auskühlen lassen. Die Brötchen sind fertig, wenn sie eine leichte Bräune haben und »hohl klingen«, wenn man auf die Unterseite klopft.

Der Teig ist ca. 1–2 Wochen im Kühlschrank haltbar

# Kalt geführter Vollkornhefeteig für Brot, Brötchen oder Pizza

Für 1 Brot oder 2 Backbleche Pizza
⏱ 15 Min.

- 600 g Dinkelvollkornmehl
- 100 g Roggenvollkornmehl (oder Dinkel, Weizen)
- 12 g Salz
- ca. 400 ml lauwarmes Wasser
- 10 g frische Hefe

● Mehl und Salz in einer Schüssel mischen.

● In einem kleinen Teil des Wassers die Hefe auflösen, zum Mehl geben und mindestens 8 Min. einen geschmeidigen Teig kneten. Das Wasser nach und nach zugeben, da je nach Feuchtigkeitsgehalt des Mehles oder der Luft mehr oder weniger Wasser benötigt wird.

● Den Teig zugedeckt an einem warmen Ort 1–2 Stunden gehen lassen. Anschließend für Brot, Brötchen oder Pizza verwenden oder in einer luftdicht verschlossenen Teigschüssel im Kühlschrank aufbewahren. Der Teig ist ca. 1–2 Wochen haltbar. Es sollte sich keine Haut an der Oberfläche bilden und der Teig sollte auch nicht zu säuerlich riechen.

● Vor dem Backen von Pizza, Brot oder Brötchen den Teig bei Zimmertemperatur 1–2 Stunden ruhen lassen (wenn er vorher im Kühlschrank war).

● Zum Brötchenbacken: Aus dem Teig Brötchen formen, mit einer Blumenspritze mit Wasser anfeuchten und mit Saaten oder Flocken bestreuen. Brötchen im vorgeheizten Backofen bei 210 °C etwa 20–25 Min. auf der mittleren Schiene backen (je nach Größe der Brötchen).

● Zum Brotbacken: Teig in eine Kastenform geben oder einen Brotlaib formen und im vorgeheizten Backofen bei 210 °C backen. Ein Brot aus der ganzen Teigmenge benötigt etwa 40–50 Min.

● Sollen Brötchen oder Brot eine schöne Kruste bekommen, hilft der Wasserdampf-Trick: Dazu Backofen auf 240 °C vorheizen und ein leeres Backblech in die unterste Schiene schieben (alternativ feuerfeste Pfanne auf den Backofenboden stellen). Brot oder Brötchen in die mittlere Schiene geben und max. 200 ml Wasser vorsichtig in das untere Backblech schütten. (Vorsicht, es entsteht heißer Wasserdampf!) Backofentür sofort schließen. Nach 10 Min. die Temperatur auf 210 °C reduzieren und das Backblech mit dem Wasser aus dem Ofen nehmen.

● Bei Verwendung als Pizzateig diesen dünn ausrollen und auf ein mit Backpapier ausgelegtes Backblech legen (Teigmenge reicht für 2 Bleche), mit einer Sauce (Seite 105) bestreichen und beliebig mit Gemüse belegen. Die Pizza im vorgeheizten Backofen bei 220 °C Ober-/Unterhitze auf der untersten Schiene ca. 25 Min. backen.

**Tipp** Vor dem Backen von Brötchen und Brot empfiehlt sich noch einmal eine Teigruhe von 15. Min.

Kartoffeln halten das Brot länger feucht
# Dinkelvollkorn-Kartoffelbrot

Für 1 Kastenform (ca. 1 kg Brot)
⊘ ca. 25 Min. + ca. 50 Min. Backzeit + Gehzeit

- 500 g rohe Kartoffeln
- 500 g Dinkelvollkornmehl
- 15 g Meersalz
- 15 g frische Hefe
- ca. 150 ml lauwarmes Wasser
- 15 ml Apfelessig
- 1 Tasse Haferflocken oder Saatenmischung

● Kartoffeln waschen, schälen und fein reiben.

● Mehl und Salz in einer Teigschüssel mischen. Hefe in einem Teil des Wassers auflösen und mit dem Apfelessig und den Kartoffeln zum Mehl geben. Mindestens 8 Min. von Hand einen geschmeidigen Teig kneten, dabei das restliche Wasser nach und nach dazugeben. Je nach Feuchtigkeitsgehalt der Kartoffeln und des Mehls wird etwas mehr oder weniger Wasser benötigt.

● Den Teig zugedeckt an einem warmen Ort ca. 50 Min. gehen lassen.

● Den Teig noch mal durchkneten, ein in Kastenform längliches Brot formen (möglichst ohne Lufteinschluss, sonst gibt es Löcher im Brot), in Haferflocken oder Saatenmischung wälzen und in eine gefettete oder mit Backpapier ausgelegte Kastenform legen. Nochmals zugedeckt 20 Min. gehen lassen.

● Den Backofen auf 240 °C Ober-/Unterhitze vorheizen und ein leeres Backblech in der untersten Schiene mit vorheizen. Alternativ eine feuerfeste Pfanne auf den Backofenboden stellen (keine feuerfeste Auflaufform!).

● Das Brot in der Kastenform auf die mittlere Schiene stellen und ca. 200 ml kaltes Wasser in das untere Backblech oder die Pfanne schütten. Vorsicht, es entsteht heißer Wasserdampf! Backofentür sofort schließen.

● Nach 10 Min. Backzeit die Temperatur auf 210 °C reduzieren, Blech oder Pfanne mit Wasser vorsichtig (sehr heiß!) herausnehmen und das Brot weitere 35–45 Min. backen.

● Das Brot aus der Kastenform nehmen, auf ein Kuchengitter legen, mit der Blumenspritze mit kaltem Wasser besprühen und abkühlen lassen.

**Tipp** Das Brot ist fertig, wenn es beim Klopfen auf die Unterseite des Brotes »hohl« klingt. Sollte es nicht fertig sein, können Sie das Brot auch noch ohne Form ein paar Minuten zusätzlich bei 210 °C fertig backen.

TO GO

Sie wollen sich fettarm, abwechslungsreich und gesund ernähren, sind aber den ganzen Tag außer Haus, sei es im Büro, in der Schule oder Uni, im Einzelhandel mit ständigem Kundenkontakt, als Handwerker oder als Handlungsreisender im Auto oder öffentlichen Verkehrsmitteln.

Wenn dann der Hunger kommt, ist heute an jeder Ecke problemlos etwas zu essen zu bekommen – leider oft in sehr minderwertiger Qualität: sei es beim Imbiss um die Ecke, in der Kantine oder Mensa, in Supermärkten und Bäckereien. Selbst »To-go-Snacks« aus Bioläden enthalten oft viel zu viele versteckte und qualitätsarme Fette, Geschmacksverstärker, Zusatzstoffe oder auch leider Zucker und Weißmehl. Was tun?

Genau: Sie bereiten sich Ihre leckere, gesunde Mahlzeit für unterwegs einfach zuhause zu. Wenn Sie Zeit für eine längere Mittagspause haben, ist vielleicht ein toller Rohkostsalat aus geraspelten Möhren, Rote Bete, Sellerie, Äpfeln, Nüssen und leckerem Dressing genau das Richtige. Oder wollen Sie statt kauintensiver Rohkost lieber einen Burger mit pikantem Aufstrich oder einen Gemüsebratling mitnehmen? Auf den folgenden Seiten finden Sie dazu viele köstliche Anregungen.

◄ Asia-Schüttel-Salat, Seite 90

Echter Hingucker
# Asia-Schüttel-Salat

Für 2 Schraubgläser à 1 Liter
⏲ 30 Min.

Für den Salat: 50 g schwarze Linsen (z. B. Beluga) • 100 g Reisnudeln • 2 Handvoll rote Salatblätter (ca. 100 g) • 3 Pak-Choi-Blätter (oder Chinakohl) • 50 g Sprossenmix • 1 reife Mango • 80 g Cashew-Bruch
Für das Dressing: 1 haselnussgroßes Stück Ingwer • 1 EL Sesam • 1 EL Ahornsirup • 1½–2 EL Tamari (Sojasauce) • 3 EL Reisessig (oder anderer Essig) • 1 EL süß-pikante Chili-Sauce • 1 EL Erdnuss- oder Sesamöl • 1½ EL Limettensaft (oder Zitronensaft) • ca. 8 EL Wasser

● Linsen nach Packungsanleitung ohne Salz garen, abseihen und abtropfen lassen. Reisnudeln nach Packungsanleitung garen, abseihen und abtropfen lassen.

● Währenddessen die Salatblätter, Pak-Choi-Blätter und Sprossen waschen. Pak-Choi-Blätter in Streifen schneiden. Mango schälen und in Würfel schneiden.

● In folgender Reihenfolge in die beiden Schraubgläser füllen: Reisnudeln, Blattsalat, Pak-Choi-Streifen, Sprossen, Mango, Linsen und zum Schluss die Cashews.

● Für das Dressing den Ingwer fein reiben und den Sesam in einer Pfanne ohne Fett rösten.

● Ingwer, Sesam und die übrigen Dressing-Zutaten mit einem Schneebesen in einer Schüssel glatt rühren und in 2 kleine Schraubgläser füllen.

● Vor dem Verzehr das Dressing aufschütteln und in das Glas mit dem Salat geben, fest verschließen und gut durchschütteln.

Super leckerer veganer Burger
# Dicke-Bohnen-Frikadellen

Für 2 Personen
⏲ 10 Min. + 20 Min. Backzeit

1 Zwiebel • 1 Knoblauchzehe • ¼ Bund Petersilie • 1 rohe Kartoffel • 250 g gegarte Kidneybohnen (oder Cannellini-Bohnen) aus der Dose • 2 TL Johannisbrotkernmehl • Salz • Pfeffer • 1 TL Paprika, scharf • 1 TL Senf • 120 g Seidentofu

● Zwiebel, Knoblauch und Petersilie fein hacken. Rohe Kartoffel schälen und sehr fein reiben. Bohnen mit einem Stabmixer zu einer Paste verarbeiten. Es sollen noch feste Bestandteile sichtbar bleiben.

● Alle Zutaten in einer Schüssel verrühren oder mit den Händen verkneten, mit den Gewürzen abschmecken, zu 4 Frikadellen formen und auf ein mit Backpapier ausgelegtes Backblech legen. Der Teig ist etwas weich, wird aber beim Backen fest.

● Im Backofen bei 180 °C Ober-/Unterhitze 15 Min. backen, mit einem Pfannenwender vorsichtig wenden und 5 Min. weiterbacken. Etwas abkühlen lassen.

● Entweder mit Vollkornbrot oder Rohkostsalaten und ggf. einem Dip in eine transportable Box zum Mitnehmen packen oder als »To-go-Burger« mit Salatblättern, sauren Gurkenscheiben und z. B. mit Senf bestrichen in ein aufgeschnittenes Vollkornbrötchen legen.

Mit köstlicher Avocado-Senf-Orangen-Creme
## Cocktail-Tomaten-Salat mit Kichererbsen

Für 2 Personen
⏱ 20 Min.

Für den Salat: 250 g Cocktail-Tomaten • 5 getrocknete Soft-Tomaten • 1–2 Frühlingszwiebel • 1 Handvoll Rucola • 150 g gegarte Kichererbsen (Dose/Glas oder 75 g Trockenware, nach Packungsanleitung zubereitet) • 1 Bund Rucola-Salat
Für das Dressing: 1 EL Sesam • 1 kleine reife Avocado • ½ Orange • 1 Knoblauchzehe (optional) • 3 EL Senf, mittelscharf • 1 EL Ahornsirup • 1–2 TL weißer Balsamico-Essig • Salz • Pfeffer

● Cocktailtomaten halbieren, Soft-Tomaten in feine Streifen schneiden, Frühlingszwiebel in feine Ringe schneiden, Rucola grob zerkleinern und zusammen mit den Kichererbsen in einer Schüssel mischen.

● Für das Dressing den Sesam ohne Fett in einer Pfanne rösten und abkühlen lassen. Die Avocado aus der Schale lösen, die halbe Orange zu Saft pressen und den Knoblauch fein hacken. Diese Zutaten zusammen mit dem Senf, dem Ahornsirup und Essig mit einem Stabmixer pürieren und mit Salz und Pfeffer abschmecken.

● Das Dressing über den Salat geben, gut untermischen und zum Mitnehmen z. B. in zwei Schraubgläser oder andere transportfähige Gefäße füllen.

**Tipp** Getrocknete Soft-Tomaten haben gegenüber getrockneten Tomaten den Vorteil, dass Sie diese nicht vor dem Verzehr einweichen müssen.

Mit frischer Petersilie und Pfefferminze!
## Hirse-Taboulé

Für 2 Personen
⏱ 30 Min.

100 g Hirse • 300 ml Gemüsebrühe • ½ Bund Petersilie • ca. 10 große Blätter frische Pfefferminze • 1 Knoblauchzehe • 1 große Zitrone • 1 EL Olivenöl • 2 Tomaten • 1 Mini-Gurke • 1 Paprika • 2 Frühlingszwiebeln • Salz • Pfeffer

● Hirse in einem Sieb heiß waschen, mit Gemüsebrühe aufkochen, bei kleiner Hitze zugedeckt 10 Min. leise köcheln lassen und bei geschlossenem Deckel etwa 15 Min. ausquellen lassen.

● Petersilie, Pfefferminze und Knoblauch fein hacken. Zitrone zu Saft pressen und in einer Schüssel mit Knoblauch und Öl verrühren.

● Tomaten (ggf. häuten), Gurke und Paprika in kleine Würfel schneiden. Frühlingszwiebel in dünne Ringe schneiden.

● Die gegarte Hirse mit der Sauce und den Kräutern vermischen. Gemüse hinzufügen, alles gut vermischen und mit Salz und Pfeffer würzig abschmecken.

● Das Taboulé in Schraubgläser oder andere transportable Boxen zum Mitnehmen füllen. Dem Taboulé tut es gut, wenn es noch ein paar Stunden durchziehen kann.

Exquisiter Genuss für die Mittagspause
# Shiitake-Pilz-Burger de Luxe

Für 2 Personen (je 2 kleine Burger)
⏲ 10 Min. + 25 Min. Marinierzeit + 25 Min. Backzeit

Für die Marinade:
- 1–2 Knoblauchzehen
- 50 ml Rotwein (oder Gemüsebrühe)
- 2 EL Tamari (fermentierte Sojasauce)
- 2 EL Balsamico-Essig
- 1–2 EL getrocknete Kräuter, wie z. B. Basilkum, Oregano, Thymian (oder 2–3 EL frische gehackte Kräuter)
- ¼ TL Paprika, edelsüß
- 1–2 Msp. Salz
- Pfeffer

Für die Burger:
- 200 g Shiitake-Pilze
- 1 kleine reife Avocado
- 2 TL Zitronensaft
- 4 kleine Vollkornbrötchen
- 4 TL Tomatenmark
- ca. 8 Blätter Blattsalat
- 2 Cocktailtomaten

● Die Zutaten für die Marinade in einer kleinen Auflaufform verrühren, in der alle Pilze gerade so Platz haben. Die Pilze mit der glatten Kopf-Seite nach unten hineinlegen. Mit einem Löffel etwas Marinade auf die Lamellen träufeln. Mindestens 25 Min. (oder länger, z. B. über Nacht) ziehen lassen und die Pilze ab und zu in der Marinade wenden.

● Die Auflaufform mit Alufolie bedecken und bei 200 °C Ober-/Unterhitze im Backofen 20 Min. backen. Alufolie entfernen, Pilze wenden und weitere 5 Min. ohne Alufolie backen, Pilze aus der Marinade nehmen und etwas abkühlen lassen.

● Die Avocado längs halbieren, Kern entfernen und in dünne Scheiben schneiden. Sofort mit Zitronensaft beträufeln, um Braunwerden durch Oxidation zu verhindern. Tomaten in hauchdünne Scheiben schneiden.

● Vollkornbrötchen halbieren und sowohl Deckel und Böden mit Tomatenmark bestreichen. Dann mit Salatblatt, Avocado-Scheiben und gebackenen Pilzen belegen, Deckel daraufsetzen und zum Mitnehmen fest in Frischhaltefolie wickeln.

**Variante** Anstelle von Shiitake-Pilzen eignen sich auch Portobello-Pilze oder andere Pilze mit saugfähigen Lamellen; Champignons oder Kräutersaitlinge sind weniger geeignet.

Mit süßer Mango und Melone
# Fruchtiger Buchweizen-Salat

Für 2 Personen
⊘ 30 Min.

100 g Buchweizen • 1 kleine reife Mango • 2–3 Spalten Wassermelone • 10 Cocktailtomaten • 3 Frühlingszwiebeln • 1–2 TL Thymian, getrocknet (oder viel frischer Thymian) • 1 EL Cashewmus (zimmerwarm) • 50 ml Apfelsaft • 2 EL Balsamico-Essig, weiß • ½ TL Senf • 1 Msp. Chilipulver • Salz • gemahlener schwarzer oder rosa Pfeffer

● Buchweizen in einem Sieb waschen und mit der doppelten Menge Wasser aufkochen und bei kleinster Hitze zugedeckt köcheln lassen, bis das Wasser vollständig aufgesogen ist. Buchweizen etwas abkühlen lassen.

● Währenddessen Mango und Wassermelone in Würfel schneiden, Cocktailtomaten halbieren oder vierteln und die Frühlingszwiebel in Ringe schneiden.

● Für das Dressing Cashewmus mit Apfelsaft, Balsamico und Senf in einer Schüssel mit dem Schneebesen glatt rühren und mit Chili, Salz und Pfeffer abschmecken.

● Buchweizen, Früchte, Tomaten, Frühlingszwiebeln, Thymian und das Dressing in einer Schüssel gut vermischen und zum Mitnehmen in verschließbare Gläser oder transportable Boxen füllen.

**Tipp** Buchweizen kann sowohl roh, gekeimt oder gekocht gegessen werden. Er enthält alle 8 essenziellen Aminosäuren, lebenswichtige Kohlenhydrate, Vitamine, Spurenelemente, Mineralien, Ballaststoffe und die essenzielle Omega-3-Fettsäure Alpha-Linolensäure.

◂ Pikante Crêpes-Röllchen mit Paprika

Noch schneller: mit fertigen Bio-Wraps
# Pikante Crêpes-Röllchen mit Paprika

Für 4 Crêpes
⊘ 30 Min.

Für die Crêpes: 150 g Vollkornmehl • 1 TL Backpulver • ¼ TL Salz • 300 ml Sojamilch • 4 TL Erdnuss- oder Kokosöl zum Ausbacken • 4 TL Ajvar zum Bestreichen
Für die Füllung: 1 rote Paprika • 1 gelbe Paprika • 1 Selleriestange • 1 kleine Zwiebel • 100 g Räuchertofu • ca. 8 Stängel Koriander (oder Petersilie) • 1 EL Tamari (Sojasauce) • 1 TL Tomatenmark • Salz • Pfeffer

● Mehl, Backpulver und Salz in einer Schüssel mischen und die Sojamilch mit dem Handrührgerät nach und nach unterrühren. In einer beschichteten Pfanne 4 Crêpes ausbacken und jeweils mit Ajvar bestreichen.

● Paprika und Sellerie in sehr feine Streifen schneiden, Zwiebel und Räuchertofu fein würfeln. Koriander mit den Stängeln fein hacken.

● Die von den Crêpes noch leicht gefettete Pfanne bei mittlerer Hitze erwärmen, vorsichtig etwas warmes Wasser und Tamari hinzufügen, Zwiebel und Räuchertofu-Würfel etwa 3 Min. dünsten.

● Tomatenmark, falls nötig etwas Wasser, Paprika und Selleriestreifen hinzufügen und unter gelegentlichem Wenden weitere 3 Min. dünsten, bis alle Flüssigkeit verdampft ist. Mit Salz und Pfeffer würzen, Koriander untermengen und auf die 4 Crêpes verteilen.

● Crêpes aufrollen und eng aneinander in einer transportablen Box zum Mitnehmen legen. Alternativ können die abgekühlten Rollen für den sicheren Transport vorher auch in etwas Frischhaltefolie gewickelt werden.

Auch ein ideales Partymitbringsel
# Hirse-Salat mit Mango an Senf-Dressing

Für 2 Personen
35 Min.

Für den Salat: 75 g Hirse • 1 kleine reife Mango • 1 kleine Spitzpaprika • 1 kleine Salatgurke • 2 Frühlingszwiebeln • 6 Cocktailtomaten • ¼ Bund Petersilie • 8 schwarze Oliven, ohne Stein • 100 g gegarter Hülsenfrüchte-Mix (aus der Dose oder selbst gegart) • ca. 100 g Rucola (oder andere feste Salatsorte)
Für das Dressing: 2 EL Ahornsirup • 2 EL weißer Balsamico-Essig • 2 EL Dijon-Senf • 1 EL Tahin (Sesampaste) • ca. 4 EL Wasser • ½ TL Senf-Pulver (optional) • Salz • Pfeffer

● Hirse nach Packungsanleitung garen. Mango in Würfel schneiden. Spitzpaprika in feine Streifen schneiden, Gurke längs vierteln und in Scheiben schneiden. Frühlingszwiebel schräg in Röllchen schneiden und Cocktailtomaten vierteln. Petersilie fein hacken und Oliven in dünne Ringe schneiden.

● Für das Dressing alle Zutaten in einer Schüssel verrühren. Alle Salat-Zutaten (außer Rucola) in einer Schüssel mit dem Dressing gut vermischen und etwas durchziehen lassen. Rucola zerkleinern und kurz vor dem Servieren unterheben.

● Zum Mitnehmen in ein Schraubglas füllen oder ein anderes geeignetes Behältnis verwenden.

**Variante** Anstelle des Hülsenfrüchte-Mix können Sie auch gekochte Linsen oder beliebige Bohnen nehmen. Anstelle von Hirse probieren Sie doch auch mal Quinoa, Buchweizen oder Vollkorn-Reis.

Mit Rote Bete, Karotte, Sellerie und Apfel
# Bunter Rohkostsalat

Für 2 Personen
25 Min.

1 Rote Bete • 1 Karotte • 1 säuerlicher Apfel (oder 1 Orange) • 1 Stück Knollensellerie • ½ Bund frische Petersilie • 2 EL Sonnenblumenkerne • 1–1½ EL Mandel- oder Cashewmus (zimmerwarm) • ½ TL Senf • 1 TL Ahornsirup • 2 EL Apfelessig • Salz • Pfeffer

● Gemüse unter fließendem Wasser bürsten und unschöne Stellen wegschneiden. Apfel waschen und das Kerngehäuse entfernen. Gemüse und Apfel mit einer Rohkostreibe fein raspeln. Petersilie fein hacken.

● Für das Dressing das Mandelmus mit Senf, Ahornsirup und Essig in einer Schüssel glatt rühren und mit Salz und Pfeffer abschmecken.

● Alle Zutaten in einer Schüssel mischen und für den Transport in Schraubgläser oder transportable Boxen füllen.

**Variante** Probieren Sie alternativ auch mal andere Gemüsesorten, wie z. B. Pastinaken, Topinambur, Blumenkohl, Brokkoli oder andere Kohlsorten, auch in Kombination mit gewürfelten Mango, Ananas, Orangen …

**Tipp** Wenn Sie gern Rohkostsalate essen, lohnt sich die Anschaffung einer elektrischen Rohkostreibe, weil das die Zubereitungszeit enorm verkürzt.

▸ Hirse-Salat mit Mango an Senf-Dressing

## Als Frühstück, Zwischenmahlzeit oder Dessert
# Variable Früchte-Overnight-Oats

Für 2 Personen (2 Gläser à 250 ml)
⏱ 10 Min. + über Nacht im Kühlschrank

8 EL Haferflocken • 2 EL Kokosraspel • 280 ml Pflanzenmilch, ungesüßt • 200 g (Nettogewicht) reife Früchte der Saison (z. B. Mango, Erdbeeren, Birnen, Aprikosen, Trauben, Orangen oder Bananen) • 2 EL Ahornsirup • ein paar Blättchen frische gehackte Pfefferminze (falls vorhanden) • 2 EL gehackte Nüsse (alternativ Mandeln oder Cashews)

● Alle Zutaten mit Ausnahme der Nüsse in einer Schüssel mischen und esslöffelweise in 2 Schraubgläser füllen. Mit Nüssen bestreuen und über Nacht im Kühlschrank ziehen lassen.

**Tipp** Overnight Oats im Glas sehen einfach toll aus und schmecken klasse! Probieren Sie Overnight Oats auch mal mit Gemüse: z. B. Haferflocken, Blutorangensaft, geraspelte Karotte, Rosinen und gehackte Mandeln oder Nüsse. Oder eine Kombi aus Tomaten und Wassermelone, teils püriert, und mit Chiasamen über Nacht eindicken lassen. Chiasamen können bis zum 15-Fachen ihres Eigengewichts an Wasser binden.

## Mit Basilikum-Zitrone-Pinienkern-Dressing
# Italian-Pasta-Schüttel-Salat

Für 2 Personen (2 Gläser à 1 Liter)
⏱ 25 Min.

Für den Salat: 120 g Vollkorn-Rigatoni (oder andere) • 1 Bund Rucola • 2 Tomaten • 50 g beliebige Sprossen (z. B. Alfalfa) • 2 kleine Birnen • 150 g Naturtofu (Basilico, Bioladen; alternativ Räuchertofu) • 4 EL Pinienkerne
Für das Dressing: 1 Zitrone • 2 Handvoll Basilikumblätter (reichlich!) • 3 EL Pinienkerne • 1 TL Ahornsirup • 8 EL Apfelsaft • Salz • Pfeffer

● Nudeln nach Packungsanleitung al dente garen und abseihen. Rucola waschen, Tomaten würfeln, Sprossen ebenfalls waschen, Birnen in Würfel schneiden und den Tofu ebenfalls in grobe Würfel schneiden.

● Alle Zutaten wie folgt in die beiden Gläser schichten: Nudeln, Rucola, Tomaten, Sprossen, Birne, Tofu und zum Schluss die Pinienkerne.

● Für das Dressing die Zitrone zu Saft pressen und mit den Basilikum-Blättern, Pinienkernen, Ahornsirup und Apfelsaft mit dem Stabmixer fein pürieren. Mit wenig Salz und Pfeffer abschmecken. Dressing in separate kleine Gläser zum Mitnehmen füllen. Kurz vor dem Verzehr das Dressing in das Glas mit dem Salat geben, Deckel fest zudrehen, gut durchschütteln und genießen!

**Tipp** Bei eigenen Kreationen von Schüttel-Salaten schichten Sie die Zutaten im Glas am besten in folgender Reihenfolge: 1. Kohlenhydrate (z. B. Reis, Nudeln, Kartoffeln), 2. Salat, 3. Gemüse, 4. Sprossen, 5. Obst, 6. Eiweiß (z. B. Hülsenfrüchte, Tofu) und 7. Nüsse, Cashews oder Mandeln.

Ummantelung mit Reispapier
# Wraps mit Spinat und feuriger Bohnencreme

Für 4 Wraps
⏲ 35 Min.

Für die Gemüsefüllung: 80 g Quinoa • 1 Zwiebel • 70 g Mais (oder gelbe Paprikawürfel) • 150 g Blattspinat (TK) • Salz • Pfeffer • 1 Prise Muskat
Für die feurige Bohnencreme: 50 g rote Paprika • 200 g gegarte Kidneybohnen • ¼ Bund Petersilie • 1 TL Zitronensaft • 1 TL Senf, mittelscharf • ½–1 TL Salz • Pfeffer • ½ TL Paprikapulver, scharf • 2 Msp. Chilipulver (nach Belieben)
Außerdem: 4 Blätter Reispapier

- Quinoa nach Packungsanleitung garen. Zwiebel fein hacken.

- In einer beschichteten Pfanne etwas Wasser erhitzen, Zwiebel, Mais und angetauten Blattspinat darin 5 Min. dünsten und mit Salz, Pfeffer und Muskat würzen. Abkühlen lassen.

- Für die Bohnencreme die Paprika in kleine Würfel schneiden und mit den übrigen Zutaten mit einem Stabmixer zu einer Paste verarbeiten.

- Reispapier etwa 20 Sekunden in kaltes Wasser tauchen und auf ein Brett legen. Zuerst dünn mit Bohnencreme und anschließend mit dem Gemüse bestreichen, aufrollen und in eine Box legen (ggf. in Frischhaltefolie wickeln). Schön sieht es auch aus, wenn die Rollen wie Sushi in etwa 3 cm lange Stücke geschnitten und nebeneinander in eine Box gelegt werden.

Die roten Linsen dürfen bissfest bleiben
# Linsensalat all'arrabbiata

Für 2 Personen
⏲ 25 Min. + min. 3 Std. Einweichzeit

150 g rote Linsen • 1 große feste Tomate • 1 rote Paprika • 1 Selleriestange • 1 Zwiebel • 1 TL Tomatenmark • 1 Limette, Saft • 1 EL feinstes Olivenöl • 1 TL Ahornsirup • ¼ TL Harissa • ¼–½ TL Kreuzkümmel, gemahlen • ca. ¼ TL Salz • Pfeffer • ca. 8 Stängel frischer Koriander (oder Petersilie)

- Linsen in einem Sieb waschen und mindestens 3 Stunden (oder über Nacht) in reichlich Wasser einweichen. Anschließend abseihen und nochmals waschen.

- Tomate und Paprika in kleine Würfel schneiden. Sellerie und Zwiebel in feine Ringe schneiden.

- Etwas Wasser oder Gemüsebrühe in einer beschichteten Pfanne erhitzen, Zwiebel darin 2 Min. dünsten, Tomatenmark unterrühren, Tomaten und Paprika, Sellerie, Linsen und noch etwas Flüssigkeit hinzufügen und 5 Min. bei kleiner Hitze dünsten, bis alle Flüssigkeit verdampft ist.

- Für das Dressing Limettensaft mit Olivenöl, Ahornsirup und Harissa in einer Schüssel glatt rühren. Mit den Gewürzen abschmecken und mit ca. 2 EL Wasser verdünnen.

- Das Dressing unter das Gemüse mischen und etwas abkühlen lassen. Koriander inklusive der feinen Stängel fein hacken und untermischen. Den Salat in Gläser oder transportable Boxen zum Mitnehmen füllen.

# BASICS

In diesem Kapitel finden Sie eine kleine Auswahl an Grundrezepten – quasi als Nachschlagewerk für den täglichen Gebrauch im Alltag.

Meine Mutter, meine Oma und eben die Hausfrauen-Generation vor uns hatte normalerweise ein einziges Kochbuch mit Grundrezepten, meist ein Haarer-Kochbuch, mit dem sie in ihrem Alltag wunderbar klarkamen. Sie lernten damit das Kochen und Backen und waren bei der weiteren Ausführung der Rezepte kreativ gefordert, je nachdem welche Gemüsesorten gerade saisonal vorhanden waren.

Hier finden Sie also die Basis-Rezepte für Pizzateig, Saucen für Pizza, Pfannkuchen, Waffeln, leckere Kartoffelbeilagen wie Kartoffelpüree oder -gratin, Salatdressings und köstliche einfache Saucen für Pasta, Reis etc.

Ich bin überzeugt, dass Sie an diesem Kapitel »Basics« auch Ihre Freude haben werden.

◂ Schupfnudeln, Seite 103

Süßlich-pikant
## Ahorn-Senf-Dressing

Für ca. 350 ml
⊘ 10 Min.

6 EL Ahornsirup • 6 EL weißer Balsamico-Essig • 3 EL Dijon-Senf • 3 gestr. EL Tahin (Sesampaste) • 1½ TL Senfpulver (optional) • ½–1 TL Salz • schwarzer Pfeffer • ca. 75 ml Wasser

● Alle Zutaten in einer Schüssel mit einem Stabmixer glatt pürieren.

● Das Dressing in ein Schraubglas oder einen Dressing-Shaker füllen und vor Gebrauch gut aufschütteln. Das Dressing ist im Kühlschrank etwa 5 Tage haltbar.

Cremig-fruchtig
## Avocado-Orange-Dressing

Für etwa 400 ml
⊘ 10 Min.

1 reife Avocado • 1 Knoblauchzehe • 150 g Soja-Joghurt (oder Seidentofu) • 2 Orangen, Saft • 1–2 EL Ahornsirup • 1 TL Senf, mittelscharf • 1 Msp. Piment, gemahlen • ½ TL Kreuzkümmel • ca. ½ TL Salz • schwarzer Pfeffer

● Das Fruchtfleisch der Avocado aus der Schale lösen, Knoblauch fein hacken und zusammen mit den übrigen Zutaten mit einem Stabmixer oder im Hochleistungsmixer pürieren.

● Ggf. nochmals mit den Gewürzen abschmecken. In einem Schraubglas oder Dressing-Shaker ist das Dressing im Kühlschrank etwa 5 Tage haltbar.

Cremig-sahnig
## Cashew-Dressing

Für 250 ml
⊘ 5 Min.

100 g Cashew-Bruch (preisgünstiger als ganze Kerne) • 150 ml Wasser • 1 TL Senf • 3 EL Balsamico-Essig • ½–1 gestr. TL Salz • schwarzer Pfeffer

● Alle Zutaten in den Hochleistungsmixer geben und cremig mixen.

● In einem verschlossenen Schraubglas oder einem Dressing-Shaker ist das Dressing etwa 3–5 Tage haltbar und sollte vor Gebrauch aufgeschüttelt werden.

**Tipp** Sie können auch noch frische gehackte Kräuter, wie z. B. Basilikum, Oregano, Liebstöckel, Kerbel, mitverwenden, schmeckt aber auch ohne sehr gut! Von getrockneten Kräutern rate ich persönlich ab, weil sie zu geschmacksintensiv sind, es sei denn, man verwendet sie in sehr geringer Menge.

Basics : Leckere No-Fat-Rezepte

## Schwäbisch-lecker
# Schupfnudeln (Buabaspitzle)

Für 2–4 Personen
⊙ ca. 1 Std.

1 kg mehlige Kartoffeln • 100 g Dinkelgrieß • ca. 150 g Dinkelvollkornmehl • ½–1 TL Salz • schwarzer Pfeffer • 1–2 Msp. Muskat • wenig Erdnuss- oder Kokosöl

● Kartoffeln garen, schälen und mit einem Kartoffelstampfer zerstampfen. Gut ausdampfen lassen (dann braucht man weniger Mehl!) und mit Grieß, Mehl, Salz und Pfeffer zu einem festen Teig verkneten.

● Auf einer bemehlten Arbeitsplatte den Teig portionsweise zu einer langen Rolle mit 2 cm Durchmesser rollen. Davon 1 cm breite Stücke abschneiden und diese jeweils zu fingerdicken und fingerlangen Würstchen rollen.

● Teigwürstchen portionsweise vorsichtig in einen großen Topf mit kochendem Salzwasser geben und mit der Schaumkelle herausnehmen, sobald sie an der Oberfläche treiben. Anschließend eine beschichtete Pfanne mit wenig Öl auspinseln und Schupfnudeln unter häufigem Wenden bei mittlerer Hitze knusprig braten.

## Zu Rohkost oder Gemüse
# Polenta-Schnitten

Für 1 Backblech (Beilage für 4 Personen)
⊙ 20 Min. + 10 Min. Backzeit + Abkühlzeit

1,2 l Gemüsebrühe • 250 g Polenta (Maisgrieß) • ca. ½ TL Salz • Pfeffer • 1–2 Msp. Muskat • 1–2 EL Erdnuss- oder Kokosöl

● Gemüsebrühe in einem Topf aufkochen, Polenta einrieseln lassen und mit einem Schneebesen etwa 5 Min. unter ständigem Rühren leise köcheln lassen. Mit Salz, Pfeffer und Muskat würzig abschmecken und zugedeckt noch etwa 10 Min. ausquellen lassen.

● Ein Backblech dünn mit Öl einpinseln, die Masse gleichmäßig etwa 1 cm hoch mit einem Teigschaber daraufstreichen und abkühlen lassen.

● Nach dem Abkühlen mit einem Messer in Rauten, Quadrate oder beliebige Formen schneiden, sehr dünn mit Öl bepinseln und im Ofen bei 200 °C Ober-/Unterhitze etwa 10 Min. backen.

## Köstliche Beilage
# Kartoffelgratin

Für 2–3 Personen
⊙ 50 Min.

1 kg festkochende Kartoffeln • 500 ml Pflanzenmilch, ungesüßt • 2 TL Paprika, edelsüß • 1 TL Salz • schwarzer Pfeffer • 2 TL Oregano • 2 TL Thymian

● Kartoffeln waschen, ggf. schälen und in etwa ½ cm dicke Scheiben schneiden.

● Kartoffelscheiben zusammen mit der Pflanzenmilch und den Gewürzen in einem Topf aufkochen und bei kleiner Hitze zugedeckt etwa 8 Min. leise köcheln lassen.

● In eine leicht gefettete Auflaufform füllen und im Backofen bei 170 °C Ober-/Unterhitze etwa 30–35 Min. backen.

## Vielseitiges Grundrezept
# Pfannkuchen mit Buchweizen

Für 4 Stück:
⊙ 10 Min. + 30 Min. Quellzeit + Ausbacken in der Pfanne

130 g Dinkelvollkornmehl • 70 g Buchweizenmehl • ½ TL Salz • 300 ml kohlensäurehaltiges Mineralwasser (oder einen Teil durch Bier ersetzen) • 4 TL Erdnuss- oder Kokosöl zum Ausbacken

● Mehl und Salz in einer Schüssel mischen und mit einem Handrührgerät das Mineralwasser nach und nach ca. 5 Min. unterrühren. Anschließend mindestens 30 Min. quellen lassen. Eventuell noch etwas Mineralwasser unterrühren. Der Teig soll eine dickflüssige, aber keine zähflüssige Konsistenz haben.

● 1 Teelöffel Öl in einer beschichteten Pfanne erhitzen, mit einem Silikonpinsel gleichmäßig verstreichen und nacheinander die Pfannkuchen ausbacken.

**Tipp** Die Pfannkuchen passen super zu Spargel, lassen sich mit allen Arten von Gemüse füllen oder eignen sich erkaltet in Streifen geschnitten für eine »Flädles-Suppe«.

## Nicht nur Kinder lieben Waffeln
# Salzige Waffeln

Für 2 Personen
⊙ 10 Min. + Quellzeit 30 Min. + Ausbacken in der Pfanne

70 g Buchweizen, gemahlen • 130 g Dinkelvollkornmehl • ½ TL Backpulver • ¼ TL Salz • 50 g rohe Kartoffeln • 50 ml Pflanzenmilch, ungesüßt • 1 TL Ahornsirup • 2 EL gehackte Petersilie • kohlensäurehaltiges Mineralwasser • 4 TL Erdnuss- oder Kokosöl

● Die trockenen Zutaten in einer Schüssel mischen. Kartoffeln schälen und sehr fein reiben und mit den restlichen Zutaten unter die trockenen Zutaten mischen. Mit einem Handrührgerät etwa 5 Min. unterrühren. Dabei so viel kohlensäurehaltiges Mineralwasser nach und nach unterrühren, bis ein dickflüssiger, aber kein zähflüssiger Teig entsteht.

● Den Teig mindestens 30 Min. zugedeckt quellen lassen. Falls sich der Teig zu sehr eingedickt hat, noch etwas kohlensäurehaltiges Wasser mit dem Handrührgerät unterrühren.

● Das heiße Waffeleisen dünn mit Öl auspinseln und die Waffeln nacheinander ausbacken.

## Glutenfreier Pizzateig
# Kartoffel-Pizzaboden

Für 1 Backblech
⊙ 10 Min. (+ evtl. Garzeit Kartoffeln) + 45 Min. Gehzeit + ca. 30 Min. Backzeit

600 g mehlige Kartoffeln • 350 g Maismehl (oder Vollkornreismehl oder Buchweizenmehl) • 1–2 TL Salz • ca. 180 ml lauwarmes Wasser • 25 g frische Hefe

● Kartoffeln schälen und sehr fein raspeln oder garen, schälen und zerstampfen. Mehl und Salz mischen, Kartoffeln hinzufügen.

● Hefe zerbröckeln, in wenig Wasser auflösen und zur Mehl-Kartoffel-Mischung geben. Einen lockeren, geschmeidigen Teig kneten und das Wasser nach und nach zugeben. Den Teig an einem warmen Ort 45 Min. gehen lassen.

● Den Teig auf ein mit Öl bepinseltes Backblech geben und mit nassen Händen gleichmäßig auf das Blech drücken.

● Mit Sauce bestreichen (Tomatensauce oder Cashew-Creme, siehe Rezepte Seite 105), beliebigem Gemüse belegen und bei 220 °C Ober-/Unterhitze auf der untersten Schiene 25–30 Min. backen.

Basics : Leckere No-Fat-Rezepte

## Adios Fertigpizza!
# Dinkel-Pizzateig

Für 1 Backblech
⊘ 10 Min. + 45 Min. Gehzeit

350 g Dinkelvollkornmehl (oder Weizenvollkornmehl) • 1 TL Salz • 15 g frische Hefe • ca. 210 ml lauwarmes Wasser

● Mehl und Salz vermischen, Hefe in etwas Wasser auflösen, zum Mehl geben und mindestens 8 Min. einen Teig kneten. Das Wasser nach und nach zugeben. Die benötigte Wassermenge kann je nach Mehlsorte variieren. Etwa 45 Min. zugedeckt an einem warmen Ort gehen lassen.

● Den Teig ausrollen und auf ein eingefettetes oder mit Backpapier ausgelegtes Blech legen.

● Mit Sauce bestreichen (Tomatensauce oder Cashew-Creme, siehe Rezepte Seite 105), mit beliebigem Gemüse belegen und im Ofen bei 220 °C Ober-/Unterhitze auf der untersten Schiene 25–30 Min. backen.

## Passt zu allen Gemüsesorten
# Tomatensauce für Pizza

Für 1 Backblech mit Pizzaboden
⊘ 10 Min.

1 Knoblauchzehe • 1–2 dünne Scheiben Ingwer (1–2 g) • 1 kleine rote Peperoni (oder 1 Msp. Harissa) • 120 g Tomatenmark • jeweils ½ TL Oregano, Thymian und Rosmarin, getrocknet • ½ TL Salz • schwarzer Pfeffer • 1 EL Tamari (Sojasauce) • 1 TL Zitronensaft • ca. 3 EL Wasser (abhängig von der Qualität des Tomatenmarks)

● Knoblauch, Ingwer und Peperoni fein hacken, mit den restlichen Zutaten verrühren und gleichmäßig mit einem Teigschaber oder der Rückseite eines Esslöffels auf dem Pizzaboden verteilen.

● Anschließend beliebig mit Gemüse belegen und Pizza im Backofen backen (siehe Rezept Seite 105).

## Statt Käse
# Cashew-Creme für Pizza

Für 1 Backblech mit Pizzaboden
⊘ 5 Min.

100 g Cashew-Bruch (evtl. in Wasser eingeweicht) • 120 ml Wasser • 2 EL Hefeflocken • ½ TL Salz • 1 TL Senf • ½ TL Schabzigerklee, gemahlen • ½ TL Bockshornklee, gemahlen • 1–2 TL Zitronensaft

● Alle Zutaten im Hochleistungsmixer cremig mixen, ggf. nochmals abschmecken und auf den Pizzaboden streichen.

● Alternativ kann für den Pizzaboden auch nur zwei Drittel der Creme verwendet werden und das verbleibende Drittel (eventuell noch etwas mit Wasser verdünnt) auf dem Gemüsebelag verteilt werden.

● Pizza beliebig mit Gemüse belegen und im Backofen backen (siehe Rezept Seite 105).

Leckere No-Fat-Rezepte : Basics

Zu Pasta, Reis, Kartoffeln etc.
## Schnelle Tomatensauce

Für 2 Personen
⏱ 25 Min.

1 Zwiebel • 1 Knoblauchzehe • 1–2 feine Scheiben frischer Ingwer • 1 Dose Tomaten stückig inkl. Saft (400 g) • 1–2 EL Tomatenmark • 1 EL Tamari (Sojasauce) • 1 Schuss Rotwein (optional) • 1 Bund frische Kräuter (Basilikum, Rosmarin, Thymian, Oregano), fein gehackt, oder jeweils ½ TL getrocknete Kräuter • Salz • schwarzer Pfeffer • 1 TL Zitronensaft • 1–2 Msp. Chilipulver oder Harissa

• Zwiebel, Knoblauch und Ingwer sehr fein hacken. In einer beschichteten Pfanne wenig Wasser erhitzen, Zwiebel, Knoblauch und Ingwer darin etwa 3 Min. dünsten, bis das Wasser fast verdampft ist.

• Tomatenmark, Rotwein und Tamari unterrühren, Tomaten inkl. Saft hinzufügen und ohne Deckel mindestens 15 Min. unter gelegentlichem Umrühren leise köcheln lassen.

• Frische, fein gehackte Kräuter (oder getrocknete) unterheben und mit Salz, Pfeffer, Zitronensaft, Chilipulver oder Harissa lecker abschmecken.

Aus frischen Garten-Tomaten
## Tomaten-Sugo

Für 2 Personen
⏱ 35 Min.

500 g Tomaten • 1 Zwiebel • 1 Knoblauchzehe • 1 kleines Stück Knollensellerie (ca. 30 g) • 1 kleine Karotte • 1–2 feine Scheiben frischer Ingwer • 1 dünne Lauchstange • 1–2 EL Tomatenmark • 1 EL Tamari (Sojasauce) • 1 Schuss Rotwein • 1 TL Zitronensaft • ca. 100 ml Wasser • 1 Bund frische Kräuter (Basilikum, Rosmarin, Thymian, Oregano) • Salz • schwarzer Pfeffer • 1–2 Msp. Harissa

• Tomaten häuten und klein schneiden. Zwiebel, Knoblauch, Karotte, Sellerie und Ingwer sehr fein hacken, Lauch längs halbieren und in feine Halbringe schneiden. Lauch, Zwiebel und Knoblauch in wenig Wasser in einer beschichteten Pfanne etwa 3–4 Min. dünsten.

• Tomatenmark unterrühren, Tomaten und restliches Gemüse hinzufügen, Tamari, Rotwein, Zitronensaft und Wasser angießen und ohne Deckel mindestens 15 Min. unter gelegentlichem Umrühren köcheln lassen.

• Frische, fein gehackte Kräuter unterheben und mit Salz, Pfeffer und Harissa lecker abschmecken.

Vegane Cremesauce
## »Käsesahnesauce«

Für 2 Personen
⏱ 15 Min.

1 Zwiebel • 1 Knoblauchzehe • 2 EL Tomatenmark • 150 ml Pflanzensahne • 100 ml Pflanzenmilch, ungesüßt • 1 Bio-Zitrone • 2 EL Hefeflocken • ¼–½ TL Schabzigerklee, gemahlen • ¼–½ TL Bockshornklee, gemahlen • Meersalz • Pfeffer • 1–2 EL in Lake (nicht Öl!) eingelegter grüner Pfeffer oder Kapern (optional)

• Zwiebel und Knoblauch fein hacken und in wenig Wasser (oder Weißwein) in einer Pfanne oder einem Topf andünsten.

• Von der Zitrone ¼–½ TL Schale abreiben. Tomatenmark, Zitronenschale, Pflanzensahne und Pflanzenmilch unterrühren.

• Mit den Gewürzen lecker abschmecken und auf Wunsch eingelegten Pfeffer oder Kapern unterrühren.

• Die Sauce ohne Deckel noch 3–4 Min. einkochen (reduzieren) lassen, bis die gewünschte dickflüssige Konsistenz erreicht ist.

❯ Tomaten-Sugo

# Herzgesunde Ernährung: Das sollten Sie wissen

Zum Thema »Fett« gibt es sehr viel Widersprüchliches. Doch nur wenige Fette müssen wir wirklich mit der Nahrung aufnehmen; die meisten sind überflüssig und ungesund.

# Gabriele Lendle beantwortet Fragen zur gesunden Ernährung

Im Interview gibt Gabriele Lendle Antworten auf Fragen, wie eine gesunde, fettarme Ernährung gelingen kann. Es geht unter anderem um die Qualität von Vollkornmehlen und Pflanzenölen, die Versorgung mit Vitalstoffen sowie den Verzehr von Sojaprodukten.

**Frage: Frau Lendle, wie sind Sie eigentlich dazu gekommen, sich so intensiv mit gesunder Ernährung zu befassen?**
Antwort: Gerne gekocht habe ich schon immer. Schon als Jugendliche. Die Grundlagen des Kochens habe ich bei meiner Mutter gelernt. Mit gesunder Ernährung habe ich mich erst richtig intensiv befasst, als ich im Jahr 2000 von meinen Ärzten mit der Diagnose Weichteilrheuma und entzündlicher Polyarthritis konfrontiert worden bin. Ich wollte damals auf keinen Fall das übliche Kortison nehmen, weil die pure Symptomlinderung für mich nicht der Weg war. Ich wollte vielmehr wissen, was ich tun kann, um die Symptome natürlich zu lindern, wenn nicht gar die Krankheit sogar heilen.

Dem Rat einer TCM-Ärztin (Traditionelle Chinesische Medizin) folgend habe ich meinen Fleischkonsum eingestellt und meine Ernährung auf die 5-Elemente-Ernährung umgestellt, in meinem Fall vegetarisch. Die 5-Elemente-Ernährung verbietet kein Fleisch, solange es von guter Qualität ist. Fortan habe ich auch nur noch biologisch erzeugte Lebensmittel gekauft.

Zwei Jahre später bin ich dann auf den Vollwertpapst Dr. Bruker gestoßen, dessen Ansichten über die Ursachen von Krankheiten in Verbindung mit einer gesunden Ernährung mich auf Anhieb überzeugten. Sofort habe ich mir eine Getreidemühle angeschafft und mein Mehl von da an selbst aus qualitativ hochwertigem Getreide gemahlen. Auch mein Brot backe ich seither selbst.

Meine rheumatischen Schübe kamen durch die Ernährungsumstellung dann in größeren Abständen, waren weniger schmerzintensiv und von kürzerer Dauer.

Im Jahr 2010 bekam ich meinen ersten Gichtanfall. Hier stellte ich dann sofort von vegetarischer auf vegane basische Kost um, habe also alle Milchprodukte, wie auch z. B. meinen geliebten Parmesankäse und andere Käsesorten, Eier, Sahne, Joghurt, Quark, Butter weggelassen.

Was als 4-wöchiger Selbstversuch geplant war, mündete in der Erkenntnis, dass die 100 % pflanzliche Ernährung für mich in vielerlei Hinsicht die allerbeste und insbesondere die bekömmlichste ist. Meine Rheumakrankheit gilt als geheilt und Gicht hatte ich auch nicht mehr, seit ich mich rein pflanzlich ernähre. In meinem ersten Buch **Ab jetzt vegan!** mit Dr. Ernst Walter Henrich habe ich die

Geschichte etwas ausführlicher erläutert.

**Ist es wichtig, sein Getreide selbst zu vermahlen – Sie haben sich ja gleich eine Getreidemühle gekauft – oder reicht es, Bio-Vollkornmehl zu verwenden?**
Hier antworte ich beides Mal mit »Ja«; das will ich erläutern. Vollkornmehl ist Auszugsmehl, also Weißmehl, auf jeden Fall vorzuziehen, weil es die wichtigen Pflanzenstoffe und Ballaststoffe der Randschichten noch enthält. Es ist aber dennoch nicht so hochwertig wie frisch vermahlenes und verarbeitetes Getreide aus der Mühle. Dieses ist wesentlich vitalstoffreicher, wenn man es binnen 12 Stunden verbraucht. Nach 4–6 Wochen würde es, aufgrund der enthaltenen Fette, ranzig werden und wäre nicht mehr für den Verzehr geeignet.

Vollkornmehl, das Sie kiloweise kaufen können, ist aber monatelang haltbar, woran Sie bereits erkennen, dass es eben die wertvollen pflanzlichen Fette nicht mehr enthält.

Entscheidend für mich ist aber vor allem der Geschmack. Das Aroma von Backwaren aus frisch vermahlenem Getreide, auch der glutenfreien Pseudogetreide, wie z. B. Hirse, Reis, Buchweizen, Quinoa etc., ist überhaupt kein Vergleich zu handelsüblichem Mehl.

**Könnten Sie noch erläutern, was man unter Vitalstoffen genau versteht?**
Ja gern! Es ist ganz einfach: Vitalstoffe ist der Oberbegriff für Vitamine, Mineralstoffe, Spurenelemente, Fermente (Enzyme), Ballaststoffe, Aromastoffe, mehrfach ungesättigte Fettsäuren und sekundäre Pflanzenstoffe.

**Und wozu benötigen wir diese Vitalstoffe?**
Vereinfacht gesagt brauchen wir diese, um die aufgenommene Nahrung im Stoffwechsel optimal zu verwerten und wertvolle Nahrung nicht »unverdaut« oder »unverwertet« auszuscheiden. Auch wertlose Nahrung, wie z. B. industriell erzeugte, konservierte oder präparierte Nahrungsmittel, Zucker und Weißmehl, wollen abgebaut werden.

Anlässlich meiner jährlichen ein bis zwei 10-tägigen Fastenkuren werde ich immer gefragt: »Bekommst du da denn keinen Vitaminmangel?« Nein! Und dafür habe ich auch eine Erklärung: Wenn unser Stoffwechsel keine Nahrung verwerten muss, ist der Vitalstoffbedarf auch viel geringer.

Ich habe meinen Freund Dr. Rüdiger Dahlke, den bekannten »Fastenpapst«, mal gefragt, ob ich das eigentlich einfach so behaupten kann. Er meinte aus seiner Sicht: »Ja, auf jeden Fall; das sei auch seine Erfahrung. Aber wissenschaftlich belegbar ist das eben eher nicht.« Fasten ist übrigens von einer Nulldiät deutlich zu unterscheiden!

**Sojaprodukte haben in der letzten Zeit eher einen schlechten Ruf; was meinen Sie dazu?**
Ich finde, der »Verruf« hat ganz deutlich nachgelassen. Bei Sojaprodukten muss man differenzieren! Soja ist nicht gleich Soja! So wie auch eine Tomate nicht gleich eine Tomate ist. Eine frisch geerntete sortenreine reife Bio-Tomate aus dem eigenen Garten ist ganz sicher eine völlig andere als eine konventionelle Hybrid-Tomate, die in ihrer Daseinszeit weder Sonne noch Erde erfahren hat – so ist das ja leider mit vielen Produkten.

Die gentechnisch veränderten Sojabohnen dürfen bei uns für den menschlichen Verzehr überhaupt nicht angeboten werden. Diese landen in der Tiermast und werden auf diesem Wege von den Menschen, die Fleisch und Milchprodukte essen, verzehrt.

Bei Sojaprodukten achte ich darauf, dass diese Bioqualität haben und im deutschsprachigen Raum angebaut worden sind. Ich empfehle Bio-Sojamilch, die ausschließlich aus Sojabohnen und Wasser besteht, ohne irgendwelche chemischen Zusätze. Tofu finde ich in Ordnung. Aber nicht dreimal am Tag, sondern max. dreimal die Woche. Wovon ich persönlich abrate, sind die sogenannten texturierten Soja-TVP-Produkte. (TVP = Textured Vegetable Protein). Diese sind im Handel als Soja-Trockenprodukte in Form von Granulat, Schnetzel, Medaillons und Schnitzel erhältlich. Bei der Herstellung dieser Soja-Trockenprodukte wird das Sojaeiweiß industriell extrahiert, zum Teil mit sehr fragwürdigen Mitteln. Man kann solche Soja-TVP-Produkte sehr lecker zubereiten, das ist nicht die Frage. Vielleicht ist es immer noch besser als Fleisch. Aber ich persönlich lehne den Verzehr ab.

**Könnten Sie noch einmal kurz und knapp zusammenfassen, wie eine herzgesunde Ernährung aussieht?**
Es gibt sieben einfache Regeln:
- Die wichtigste Regel: Essen Sie so abwechslungsreich wie nur möglich und meiden Sie tierische Produkte aller Art.
- Essen Sie Vollkornprodukte und vermeiden Sie Auszugsmehle.
- Vermeiden Sie Zucker und alle Fabrikzuckerarten! Süßen Sie Ihre Speisen – wenn nötig – mit frischem Obst oder Trockenfrüchten.
- Ernähren Sie sich fettarm! Vermeiden Sie raffinierte Fette vollständig und bevorzugen Sie in Maßen das Fett aus natürlichen Lebensmitteln, wie Avocados, Cashews, Nüssen sowie kalt gepresste (native) Pflanzenöle in unerhitzter Form. (Herzkranke sollten auch auf Pflanzenöle komplett verzichten.) Omega-3-Fettsäuren bezieht man am besten aus Leinsamen oder Chiasamen frisch vermahlen
- Vermeiden Sie industriell verarbeitete Nahrungsmittel
- Bevorzugen Sie viel frisches Gemüse und Obst, möglichst aus regionalem Anbau und passend zur Saison.
- Achten Sie unbedingt auf Ihren Bedarf an Vitamin B12, Vitamin D und ggf. Jod. Vitamin-C-haltige Getränke zum Essen optimieren übrigens die Eisenaufnahme.

**Lassen sich Ihre Empfehlungen von heute auf morgen umsetzen oder braucht man eine Übergangszeit?**
Wahrscheinlich benötigt jeder Zeit, um die Ernährungsempfehlungen zu verinnerlichen und auch praktisch umzusetzen. Das hat bei mir persönlich auch nicht von heute auf morgen funktioniert. Wir leben in einer sehr reizüberfluteten Zeit und die meisten Menschen werden in ihrem Alltag schon sehr in Anspruch genommen, sei es im Arbeitsleben, in der Familie, mit Kindern oder pflegebedürftigen Eltern. Auch den sogenannten »Freizeitstress« darf man nicht unterschätzen. Wenn man sich bislang wenig Zeit für die Nahrungszubereitung genommen und lieber zu Fertigprodukten gegriffen hat, sollte man sich für die Umstellung die nötige Zeit einräumen. Auch wenn man

bisher die gesundheitlichen Motive beim Kochen eher vernachlässigt hat, sollte man zwar das Ziel verfolgen, sich gesund ernähren zu wollen, aber sich mit der Umsetzung nicht überfordern. Lassen Sie sich einfach die Zeit, die Sie brauchen. Eine radikale Umstellung ist natürlich die wirksamere Option, aber wenn man die Lust verliert, weil es einem alles zu stressig wird, ist auch nichts gewonnen. Ich kann Ihnen aber versichern, dass die neue Art zu kochen und Essen zuzubereiten schon bald zur Routine werden wird, wenn Sie einfach dranbleiben. Mit den Rezepten in diesem Buch haben Sie reichlich Anregung und Unterstützung.

**Woran erkennt man die Qualität eines Pflanzenöls?**
Das habe ich den Geschäftsführer der mir benachbarten Ölmühle in Ditzingen auch einmal gefragt; ich will hier seine Antwort sinngemäß wiedergeben:

Ein gutes Öl besteht erstens aus einem qualitativ hochwertigen Rohstoff, der so weit wie nur möglich z. B. pestizidfrei, fungizidfrei und ohne toxische Belastung gewachsen ist, also z. B. nicht in Industriegebieten oder direkt an Autobahnen. Vor der Verarbeitung werden teure chemische Analysen durchgeführt, deren Ergebnisse man auch deuten können muss. Viele kleine Betriebe können sich die chemischen Analysen gar nicht leisten. Es kommt sogar gelegentlich vor, dass ein konventionell erzeugter Rohstoff bei Qualitätskontrollen besser abschneidet als ein biologisch erzeugter Rohstoff. Entscheidend für die Qualität ist zweitens die Art und Weise der schonenden Verarbeitung in der Ölmühle. Beides können Sie einem Öl nicht ansehen. Ein guter Geschmack ist kein Zeichen von Qualität. Auch ein Öl aus einem weniger guten Rohstoff kann gut schmecken, wohingegen ein Öl aus qualitativ hochwertigem Rohstoff und schonender Verarbeitung nie schlecht schmecken kann.

Trübstoffe am Flaschenboden sind, entgegen anders lautender Aussagen, kein Qualitätskriterium. Wenn Öl aus großen Fässern abgefüllt wird, befindet sich am Fassboden eine regelrechte Schlammschicht durch das Absetzen der Trübstoffe. Die letzten ca. 100 Liter der Abfüllung haben also tatsächlich einige Trübstoffe am Flaschenboden. Die zuerst abgefüllten Flaschen aber nicht. Manche Manufakturen fügen ihren Ölen bei der Abfüllung Trübstoffe hinzu, was dem Verbraucher eine hohe Qualität vermitteln soll. Am besten ist man also bedient, wenn man seine Pflanzenöle direkt bei einer vertrauenswürdigen Ölmühle bezieht, was heutzutage ja auch problemlos in Online-Shops möglich ist. Dazu muss man nicht ortsansässig sein.

# Ernährungsirrtümer und deren Folgen von Dr. med. Petra Bracht

Besonders beim Thema Fett erhitzen sich die Gemüter. Die einen verteufeln jegliches Fett, während die anderen geradezu zum vermehrten Fettverzehr aufrufen. Beide Seiten argumentieren vehement. Ich will versuchen, die Zusammenhänge klar darzustellen.

Kaum ein Thema polarisiert so stark wie das Thema Fette. Eins ist jedoch sicher: ein kompletter Fettverzicht ist gar nicht möglich und auch nicht sinnvoll, da fast alle Lebensmittel einen geringen Fettanteil haben und eine gewisse Menge und bestimmte Fette lebenswichtig sind. Argumente für und gegen Fett finden sich reichlich auf beiden Seiten des Diskussionslagers. Die Widersprüche in der medizinischen Literatur scheinen keine allgemeingültige Einordnung zuzulassen. Doch wie sollen sich Interessierte über dieses Thema eine Meinung bilden, wenn sich selbst die Experten so uneinig sind? Vor allem wenn es schwer ist, »selbsternannte« Experten von echten Fachleuten zu unterscheiden.

## Streitpunkt: Fett

Um in diesem Buchkapitel alle aktuellen Lehrmeinungen zum Thema Fett berücksichtigen zu können, habe ich mir noch einmal den letzten Stand des Durcheinanders der widersprüchlichen Auffassungen genau angesehen. Bei der Fülle an Informationen ein nicht gerade geringer Aufwand. Eines habe ich vermisst: ganzheitliche bio-logische Sichtweisen, basierend auf naturwissenschaftlichem, evolutionärem und medizinischem Wissen. Am besten noch gepaart mit langjähriger Erfahrung in der Prävention und Therapie, insbesondere mit kranken Menschen. So wie ich sie aufgrund meiner über 30-jährigen Praxistätigkeit kennengelernt habe.

### »No fat« ist gar nicht möglich

Wir müssen uns darüber klar sein, dass es praktisch gar nicht möglich ist, »no fat« zu essen. Denn zumindest geringe Mengen Fett sind in jedem natürlichen Lebensmittel enthalten. Der Slogan »no fat« bedeutet deswegen vernünftigerweise nicht, auf alle Lebensmittel zu verzichten, die Fette enthalten. In diesem Buch geht es darum, zusätzliche Fette – insbesondere beim Zubereiten von natürlichen Speisen oder enthalten in industriell hergestellten Produkten – zu meiden. Darüber hinaus werden natürliche Lebensmittel so ausgewählt und zusammenzustellt, dass besonders fetthaltige nur in begrenzter Menge verzehrt werden. Der Löwenanteil der gesundheitlichen Gefährdung des Menschen durch zu viel Fett sowie durch die

falschen Fette kommt durch deren Zusatz zu Nahrungsmitteln zustande. Es werden die unterschiedlichsten Fette zu Lebensmitteln hinzugegeben, sei es in Form von Soßen, beim Backen, in Süßwaren oder »versteckt« in Fertigprodukten.

## Ein ganzheitliches Ernährungskonzept

Seit fast 35 Jahren arbeite ich als Ärztin, insbesondere als Ernährungsmedizinerin. Mein therapeutisches Konzept fußt auf einem Ernährungskonzept, das sich an den Bedürfnissen der Menschen orientiert und die Ernährungsevolution mitberücksichtigt. Zu Beginn meiner ärztlichen Arbeit war ich davon überzeugt, dass eine gute Ernährung die Basis für die Gesundheit ist. Heute weiß ich, dass man der richtigen Bewegung genauso viel Aufmerksamkeit schenken muss. Dies sei nur eine Bemerkung am Rande, denn Ernährung hat zunächst nichts mit Bewegung zu tun. Deswegen soll dieses Thema an dieser Stelle nicht vertieft werden. Wir müssen uns aber trotzdem darüber im Klaren sein, dass die qualitativ hochwertigste Ernährung ihre Wirkungen nicht oder nur sehr eingeschränkt entfalten kann, wenn sie aufgrund von Bewegungsarmut nicht dorthin gelangen kann, wo sie vorrangig gebraucht wird. Nämlich in den durch muskulär-fasziale Überspannungen hervorgerufenen Stoffwechselengpässen. Dort auf Zellebene entstehen Krankheiten, vor allem durch Unterversorgung der Zellen. Diese verhungern quasi neben vollen Töpfen, weil die Nährstoffe nicht ausreichend zu ihnen hin transportiert werden können.

### Es kommt vor allem auf die Qualität von Lebensmitteln an

Bei all dem, was wir zu uns nehmen, kommt es entscheidend auf die Qualität der Lebensmittel an und nicht, wie immer noch häufig gedacht, auf die Quantität, also die Kalorienmenge. Hochwertige Lebensmittel sind: frisch, vollwertig, wenig verarbeitet, frei von Zusatzstoffen, mit hohem Ballaststoffanteil und hohem Wasseranteil sowie reich an Vitalstoffen; zudem haben sie einen ausreichenden – aber nicht überversorgenden – Anteil an den richtigen und lebensnotwendigen Fettsäuren.

Das Märchen, dass nur die richtige Anzahl der Kalorien wichtig und ausschlaggebend ist, hält sich zwar noch hartnäckig in den Köpfen vieler Menschen und einiger Lobbyisten, wurde aber längst als falsch entlarvt.

## Wir sind eben keine Verbrennungsmaschine!

Die Ansicht, der menschliche Körper funktioniere wie eine Verbrennungsmaschine, hat sich als folgenschwerer medizinischer Irrtum herausgestellt. Diese gefährlich vereinfachende Einschätzung bezüglich der Wertigkeit von Nahrungsmitteln hat immer noch verheerende Auswirkungen auf die Gesundheit der Menschen. Vor über 100 Jahren kamen Ernährungswissenschaftler zu dem Schluss, dass der Mensch wie eine Verbrennungsmaschine funktioniert. Obwohl es damals jedem Bauern bewusst war, dass die Gesundheit seines Viehs stark von der Qualität des Futters abhängig ist, wurde der Mensch als eine Art »höherwertiges« Wesen eingestuft, das unabhängig von dem Naturgesetz – »Du bist, was du isst« – ist.

Der Mensch benötigt zum Leben Nahrung, die ausreichend Energie für Grundumsatz, körperliche Aktivität und zur Wärmeerzeugung enthält. Das ist richtig, aber man sah damals nur diesen Aspekt und schätzte die Wertigkeit der Nahrungsmittel deshalb nur anhand der Kalorien ein.

Fasziniert von diesem Verbrennungs-Denkmodell entstand 1895 der erste amerikanische »Lebensmittelführer«, der Lebensmittel danach verglich, wie viele Kalorien für 25 Cent gekauft werden konnten. Das waren beispielsweise 645 Kalorien in Form von Eiern, 10 285 Kalorien bei Weizenmehl, 9 095 in Form von Zucker oder gar 13 720 als Maismehl. Es erschien daher unsinnig, Obst, Gemüse oder Salate mit weniger Kalorien für viel mehr Geld zu kaufen. Um Wärme für eine gemütliche Stube zu erhalten, verbrannte man in den Heizungsanlagen ja auch keine Edelhölzer, sondern wesentlich günstigeres Heizmaterial. Und schon hier kommt das Fett ins Spiel, denn im Gegensatz zu Kohlenhydraten und Eiweißen, die jeweils nur 4 kcal pro Gramm liefern, ist 1 Gramm Fett mit 9 kcal natürlich der Spitzenreiter – egal, um welches Fett es sich handelt.

## Vitamine wurden nach den Kalorien entdeckt

Erst etwa 20 Jahre später entdeckte man, dass es weitere lebensnotwendige Substanzen für den Menschen gibt, die keine Kalorien enthielten, nämlich Vitamine. Wenig später fand man noch weitere Substanzen, die wesentlich kleiner, aber genauso unabdingbar für ein gesundes Leben sind: Mineralstoffe und Spurenelemente. Seit einigen Jahren stehen zusätzlich die sekundären Pflanzenstoffe immer mehr im Fokus. Sie verleihen Pflanzen Aroma und Farben und sind für uns Menschen von großem gesundheitlichem Nutzen. Besonders die Polyphenole, die unsere Sirtuin-Gene aktivieren und dadurch unentbehrlich für die Gesundheit unserer Zellen sind. Zu ihnen gehören auch die bitter schmeckenden Salvestrole, die in der Lage sind, Krebszellen zu zerstören.

Die »moderne« Ernährung mit hohen Anteilen an Fertignahrung, die oft eine hohe Menge an weißem Zucker und Fett enthält, macht uns Menschen krank. Durch eine schleichende Überversorgung mit »minderwertigen« Kalorien und einer jahrzehntelangen Unterversorgung mit wertvollen Vitalstoffen, wie Vitaminen, Mineralien und sekundären Pflanzenstoffen, entwickeln sich die heute weit verbreiteten Zivilisationserkrankungen. Meist beginnen sie mit Übergewicht.

## Übergewicht und Ernährung

Die Deutschen nehmen durchschnittlich etwa 36 % der Nahrungsenergie in Form von Fetten zu sich. Das ist weit mehr als empfohlen. Insbesondere da es Durchschnittswerte sind, nimmt ein großer Teil unserer Bevölkerung nicht selten mehr als 40 % der Energie in Form von Fetten zu sich.

Der Hauptanteil kommt aus tierischen Quellen wie Fleisch, Wurst, Eiern, Streichfetten und vor allem aus Milchprodukten. Bei diesen Fetten handelt es sich in der Hauptsache um gesättigte Fettsäuren, die für die Entstehung von Übergewicht und vielerlei häufig unerkannten Entzündungsprozessen im Körper mitverantwortlich sind. Diese tragen maßgeblich zur Entstehung unserer heutigen Zivilisationserkrankungen bei.

Auch der Gehalt an ungesättigten Omega-6-Fettsäuren ist in Nahrungsmitteln aus tierischen Quellen im Verhältnis zu den ungesättigten Omega-3-Fettsäuren ungleich höher als in den meisten pflanzlichen Lebensmitteln. Ein Zuviel an Omega-6-Fettsäuren ist ein zusätzlicher, wesentlicher Grund für die Entstehung von Entzündungsprozessen und damit für die heute immer mehr ausartenden Zivilisationskrankheiten. Dazu zählen Übergewicht, Diabetes mellitus, Fettstoffwechselstörungen, Gicht, die gesamte Palette der Herz- und Kreislauferkrankungen mit Bluthochdruck, Herzkranzgefäßverengungen, Schlaganfall sowie Herzinfarkt. Des Weiteren geht es um Allergien, Autoimmunerkrankungen, neurodegenerative Krankheiten wie Multiple Sklerose, Altersdemenzen sowie Dickdarm-, Brust- und Prostatakrebs, um nur die wichtigsten zu nennen.

## Mehr Gesundheit könnte so einfach sein

Zur Verhinderung all dieser Krankheiten trägt bereits die Reduzierung der Fettzufuhr auf 20 bis maximal 30 % der Nahrungsenergie bei. Allerdings sollten die verzehrten Fette aus den überwiegend einfach und mehrfach ungesättigten Fettsäuren der Pflanzen stammen. Die gesättigten Fette sollten nicht mehr als 7 % betragen.

Beachten Sie dabei Folgendes: Die meisten Nahrungsmittel enthalten bereits mehr oder weniger Fette. Insbesondere sind es die tierischen Lebensmittel, die mit ihrem hohen Gehalt an Fettsäuren zu Buche schlagen. Der Fettgehalt in Fleisch- und Wurstwaren beträgt bis zu 50 %, in Käse kann er auch 70 % erreichen.

Daher kommt man bei einer durchschnittlichen täglichen Nahrungszufuhr mit Mischkost, ohne zusätzliche Verwendung von Fetten beim Kochen, Backen oder Braten von sonstigen Speisen bereits auf etwa 20–30 % Fettgehalt in der täglichen Nahrung. Etwa ein Drittel wird erst bei der Zubereitung des Essens in Form von Öl, Butter, Margarine, Ghee sowie Schmalz zugegeben.

Möchten Sie den Gesamtfettanteil verringern, so reduzieren Sie die Fettmenge bereits bei der Zubereitung Ihrer täglichen Speisen. Die in diesem Buch enthaltenen Rezepte zeigen Ihnen einen einfachen Weg auf, dieses Ziel mit einer hochwertigen, vollwertigen Pflanzenkost, die es Ihnen an nichts fehlen lässt, zu erreichen.

## Ein Blick zurück: Fette und Herzkrankheiten

Die Geschichte der Fette ist spannend, leider auch etwas verwirrend und erschreckend zugleich und hat ihren Beginn in den 1960er-Jahren. Damals kam es zu einer sprunghaften Erhöhung von Herzkrankheiten, insbesondere von Herzinfarkten, die noch am Ende des 19. Jahrhunderts sehr selten auftraten. Nicht etwa, weil die Menschen generell nicht so alt wurden und häufiger an Infektionskrankheiten starben. Nein, auch die Menschen, die zu dieser Zeit bereits ein hohes Alter erreichten, hatten so gut wie keine Herzprobleme, geschweige denn Herzinfarkte. Diese Krankheitsgruppe entwickelte sich in diesen Jahren zu epidemischen Ausmaßen. Ein Ende dieses drastischen Anstiegs ist bis heute nicht in Sicht. Gewaltige Irrtümer in der Medizin und fehlende Aufklärung – sicherlich auch aufgrund wirtschaftlicher Interessen – sorgen bis heute dafür, dass Herz-Kreislauf-Erkrankungen immer noch die Krankheiten sind, an denen die meisten Menschen in den westlichen Industrienationen sterben. Aber damit hört es noch nicht auf. Denn die Krebssterblichkeit holt rasant auf. Und das meiner Einschätzung nach aus den gleichen Gründen. Lassen Sie uns die Entwicklung ein wenig genauer betrachten.

### Cholesterin ist wichtig, aber eben nicht alles

Die ersten aufklärenden Stimmen zu diesem Thema waren nicht falsch, aber forderten zu falschen Konsequenzen auf. So hieß es etwa aus den USA kommend, fettreiche

Ernährung mit vielen gesättigten Fettsäuren sei schlecht, diese führe zu einer Erhöhung des Cholesterinspiegels. Das stimmt. Fettarme Ernährung mit wenigen gesättigten Fettsäuren senkt den Cholesterinspiegel. Das stimmt ebenfalls. Aber was der Verbraucher daraus gemacht hat, geprägt von den Marketingstrategien der Lebensmittelindustrie, war leider ein Schritt in die falsche Richtung.

In den 1970ern wurden die ersten staatlichen Ernährungsrichtlinien »Dietary Guidelines« erlassen, die auch bei uns in Deutschland zum Vorbild wurden. Diese bis heute grundsätzlich noch gültige Ernährungsempfehlung rät, cholesterinhaltige Nahrungsmittel zu reduzieren, ebenso solche mit einem hohen Anteil an gesättigten Fettsäuren, und diese durch pflanzliche Fette zu ersetzen und den Energiebedarf insbesondere aus Kohlenhydraten zu decken. Das Cholesterin war als die Ursache der Herz-Kreislauf-Erkrankungen entlarvt. Diese einseitige, aber durchaus richtige Beobachtung verlagerte das Essverhalten in eine andere, aber leider nicht bessere Richtung. Das Zeitalter der Margarine und der raffinierten Pflanzenöle war angebrochen sowie die Zeit der »leeren« Kohlenhydrate in Form von Weißmehlprodukten sowie Süßigkeiten, Eis, gezuckerter Softdrinks, um nur einige zu nennen.

## Der Zuckerkonsum stieg enorm an

Bei diesen Ernährungsrichtlinien ging es wiederum nur um die Quantität der Nahrungsanteile und nicht um deren Qualität. Daher verwundert es nicht, dass die Lebensmittelindustrie einen gewaltigen Aufschwung mit zuckerhaltigen Nahrungsmitteln zu verzeichnen hatte. Hauptsache kein Cholesterin – und die Welt schien in Ordnung. Aber so einfach war es ganz und gar nicht. Denn trotz der Ernährungsempfehlungen konnte man den Anstieg der Herzkranken nicht reduzieren, ganz im Gegenteil. Denn eine neue Epidemie begann sich auszubreiten, das Übergewicht und mit ihm die Fettstoffwechselstörungen, die immer noch nicht in den Griff zu bekommen waren.

## Die Pharmaindustrie sprang auf den Zug auf

Jetzt kam zur Lebensmittelindustrie noch die Pharmaindustrie zum Einsatz. Die cholesterinsenkenden Medikamente entwickelten sich zu einem gigantischen Markt, denn trotz der neuen Ernährungsrichtlinien nahmen die modernen Krankheiten stetig zu. Dass zwischenzeitlich Menschen durch die Einnahme solcher cholesterinsenkenden Medikamente (Lipobay) starben, wurde nur beiläufig beachtet, war doch der Todesbringer Cholesterin in allen Köpfen. Doch das ist nur die halbe Wahrheit.

Anstatt den Blick zu weiten für das, was diese Ernährungsempfehlung tatsächlich verursachte, hielt man die eine Blickrichtung bei, Cholesterin als die alleinige Ursache aller Übel zu sehen.

Wie grotesk. Denn für jeden wurde ersichtlich, dass sich die neue Epidemie »Übergewicht« unaufhaltsam bis zum heutigen Tage breitmachte. Damit entstand ein Krankheitsgeflecht, das der Fachwelt eigentlich die Augen hätte öffnen müssen. Man gab ihm einen sehr einfachen Namen, das »Metabolische Syndrom«, was nichts anderes bedeutet, als dass aus Stoffwechselstörungen Krankheiten entstehen. Hierzu gehören neben Übergewicht Diabetes mellitus (Alterszucker), Fettstoffwechselstörungen und Bluthochdruck. Und genau diese Krankheiten führen zu den gefürchteten Herzerkrankungen, gegen die es ja zu kämpfen galt. Heute können wir davon ausgehen, dass der Entstehung von Krebserkrankungen und Autoimmunerkrankungen ähnliche Ursachen zugrunde liegen.

# Ernährungsirrtümer und deren Folgen

## Wie konnte das passieren?

Die herausgegebene Ernährungsempfehlung war viel zu oberflächlich und ungenau. Sie öffnete der Zucker- und Margarine-Industrie die Türen, ohne auch nur im Geringsten die verheerenden Folgen für die Gesundheit der Menschen im Auge zu behalten. Insbesondere die Zahl der an Alterszucker erkrankten Menschen nahm und nimmt immer noch rapide zu.

## Diabetes und der Fruchtzucker-Irrweg

Aber auch da wusste man sich schnell zu helfen. Man ersetzte den Traubenzucker, der anscheinend als die Ursache der Entstehung von Altersdiabetes entlarvt wurde, durch Fruchtzucker und »versüßte« dadurch dem bereits schwer kranken Zuckerpatienten weiterhin das Leben, allerdings mit tödlichen Folgen. Ein riesengroßer neuer Industriezweig war geboren: Nahrungsmittel für den Zuckerkranken.

Heute weiß man, dass auch der hohe Verzehr von tierischen Eiweißen und ein Zuviel an Fetten ebenfalls indirekt negativen Einfluss auf die Zuckerkrankheit haben und den damit zusammenhängenden Spätfolgen, die bis hin zu Krebserkrankungen reichen können.

Da Fruchtzucker nur in der Leber verstoffwechselt werden kann, wurden hiermit alle Türen und Tore für die Entstehung einer Fettleber bei den bereits an Insulinresistenz und Altersdiabetes Erkrankten ebenso geöffnet wie bei denen, die gar nicht wussten, dass sie sich bereits in diesem Erkrankungskreislauf befinden. Denn der Beginn dieser Krankheiten ist meist schleichend und symptomfrei.

Die weitere Empfehlung, auf tierische Fette zu verzichten, war mindestens genauso katastrophal, denn jetzt stürzte sich jeder auch nur etwas um seine Gesundheit besorgte Mensch auf die Pflanzenöle. Damit geht der Krimi der Zivilisationskrankheiten weiter.

## Pflanzenöle sind keineswegs immer besser

Nicht nur der Zuckerkranke lief mit diesen Ernährungsempfehlungen in die Falle, sondern eigentlich alle, die sich an diesen Ernährungsrichtlinien orientierten, die da lautete:
- ausreichend Eiweiße zuführen in Form von magerem Fleisch und fettreduzierten Milchprodukten

### Warum industriell hergestellte Pflanzenöle krank machen

Die Erzeugung von industriell hergestellten Ölen – wohlgemerkt für uns Menschen und nicht für Maschinen – bedient sich verheerender einschneidender Verfahrensschritte. Zuerst wird mechanisch gereinigt, dann geschält, zerkleinert, dann angefeuchtet, um vorgepresst zu werden. Als nächstes wird die Saat auf 80 °C erhitzt, dann durch Lösungsmittel bei ca. 50–60 °C extrahiert. Das daraus entstandene Rohöl wird bei erneuter Erwärmung auf 80–90 °C entschleimt. Es folgt die Entsäuerung durch Alkalilauge bei 50–85 °C. Damit das Öl klar aussieht, wird mit Bleicherde, Aluminium-Silikaten oder Aktivkohle wiederum bei 80–100 °C gebleicht. Beendet wird dieser Raffinierungsprozess mit der sogenannten Desodorierung bei weiteren 190–200 °C, um ein fast geschmacksneutrales Öl zu erhalten. Von diesem Endprodukt der aufgezählten Verfahrensschritte nimmt der Verbraucher an, dass es ihn vor zu hohen Fettwerten schützt und er dadurch den Herz-Kreislauf-Erkrankungen entkommen kann.

- viele Kohlenhydrate essen (leider zählen hierzu alle zuckerhaltigen Nahrungsmittel, Softdrinks, geschälter Reis, Nudeln aus Weißmehl, die die Menschen von nun an mit gutem Gewissen verzehrten)
- tierische Fette durch pflanzliche ersetzen

Kein Wunder, dass die Pflanzenölindustrie inklusive der Margarine-Industrie einen gewaltigen wirtschaftlichen Aufschwung zu verzeichnen hatte.

Aber: Industriell hergestellte Pflanzenöle haben nichts, aber auch gar nichts mehr mit den wertvollen Fettsäuren beispielsweise des Leinsamens und dem daraus nativ und kalt gepressten Öl zu tun. Sie machen den Menschen krank (siehe Kasten Seite 119). Dass hier nicht mehr von einem gesunden Nahrungsmittel gesprochen werden kann, lässt sich leicht nachvollziehen. Denn außer den Belastungen durch Lösungsmittelrückstände wurden zusätzlich Mineralien und pflanzliche Enzyme sowie die hoch ungesättigten Fettsäuren und hitzelabilen Vitamine zerstört.

Die Ergebnisse dieser jetzt als »gesund« geltenden Produkte können wir uns heute tagtäglich anschauen. Die Menschen werden immer dicker und die dazugehörigen Krankheiten, die häufig im metabolischen Syndrom münden, immer offensichtlicher. Und irgendwie scheint keine Lösung in Sicht, oder doch?

## Das Problem der »Dicken«

Menschen, die bereits an Übergewicht leiden, haben es – im doppelten Sinne – nicht leicht. Kaum einer fühlt sich wohl in seiner Haut oder ist stolz auf die vielen überflüssigen Pfunde, die er mit sich herumtragen muss. Im Gegenteil, es ist ihm unangenehm bis peinlich. Oft gesellen sich die ersten Krankheitssymptome zu dieser bereits schwer zu tragenden Last hinzu. Es sind die Anfänge des »metabolischen Syndroms«, das neben Übergewicht aus Alterszucker, Fettstoffwechselstörungen und Bluthochdruck besteht; nicht selten entwickelt sich eine Fettleber.

Die betroffenen Menschen sind häufig verzweifelt, denn sie möchten Gewicht verlieren, um sich wieder gut zu fühlen. Aber sie geraten immer mehr in einen Negativkreislauf. Heimlich wird getuschelt, dass sie willensschwach und natürlich an ihrem Zustand selbst schuld seien. Denn würden sie nur weniger essen und sich mehr bewegen, wäre das Problem gelöst. Richtig ist sicherlich, dass die Betroffenen den Beginn dieser Entwicklung mit ihrem Ess- und Bewegungsverhalten ausgelöst haben. Aber warum es ihnen so schwer fällt, diese wieder umzukehren, hat einen Hintergrund, der erst seit Kurzem bekannt ist.

### Leptin: das Hunger- und Sättigungshormon

Bereits 1994 wurde ein neues Hormon – das Leptin – entdeckt, das unseren Energiehaushalt und damit unser Körpergewicht reguliert. Wir alle produzieren Leptin im Fettgewebe. Je mehr die Fettspeicher durch unser Essen aufgefüllt sind, umso mehr Leptin wird ausgeschüttet und gelangt ins Blut. Das Gehirn registriert es und »weiß« dadurch, dass unsere Energiespeicher voll sind. Deswegen produziert es ein wohliges Sättigungsgefühl, gute Stimmung und Lust auf Bewegung. Im Hungerzustand fehlt das Leptin im Blut: Das Gehirn ist in Alarm und leitet überlebensnotwendige Maßnahmen ein. Man verliert die Lust auf Bewegung, bekommt schlechte Laune und ein mächtiges Verlangen nach Essen.

### Verheerend: ein konstant erhöhter Insulinspiegel

Aber warum hat dann ein Übergewichtiger mit vollen Fettspeichern und einem hohen Leptinspiegel trotzdem ein fast unstillbares Essverlangen? Genau dieser Widerspruch wurde erst vor einigen Jahren gelöst. Man fand heraus, dass ein ständig erhöhter Insulinspiegel den hohen Leptinspiegel im Blut für das Gehirn unsichtbar macht, sodass der Körper fälschlicherweise glaubt, er befände sich im Hungerzustand. Verantwortlich für den permanent erhöhten Insulinspiegel sind vor allem weißer Zucker, Süßigkeiten aller Art und hohe Zuckeranteile in Softdrinks, Fastfood und Fertignahrung. Weitere Folgen des dauerhaft erhöhten Insulinspiegels sind Insulinresistenz, Altersdiabetes, den mittlerweile schon Kinder bekommen, und die Fettleber.

### Sinkt der Insulinspiegel, funktioniert auch Leptin wieder

Das Wissen um diese Zusammenhänge ist die Rettung für die Übergewichtigen. Denn die Willensstärke, dem hormonell verursachten Essverlangen nach Süßem zu widerstehen, bringt man nur auf, wenn das Ziel in Sicht ist: Die Betroffenen müssen verstehen, dass sie weißen Zucker und Süßes, aber auch die zu vielen Fette drastisch reduzieren müssen, und stattdessen möglichst hohe Anteile frischer Pflanzennahrung zu sich nehmen sollten. Das senkt den Insulinspiegel nach und nach, wodurch das Leptin für das Gehirn wieder spürbar wird. Mit jedem Tag fällt es dann leichter, die Hände von Süßigkeiten lassen zu können. Natürlich erleichtern zusätzliche Bewegungsübungen aller Art diesen Prozess deutlich. Der wirksamste Mix von Bewegungsübungen sind moderates Ausdauer- und Krafttraining sowie Dehnungen für die Muskeln und Faszien.

Sie beginnen sicherlich langsam zu ahnen, wie komplex dieses Thema ist und dass nicht nur Fett alleine für die stetig zunehmenden Erkrankungen des metabolischen Syndroms und der Folgeerkrankungen wie Herzinfarkt, Autoimmunerkrankungen und Krebs verantwortlich ist. Das Gesamtkonzept einer gesunden Ernährung ist von größter Bedeutung für Ihre Gesundheit.

## Die Rezepte zeigen Ihnen den richtigen Weg

Dieses gesamte Wissen im Zusammenspiel mit den entsprechenden Rezepten ist also für jeden Menschen empfehlenswert, der schlank bleiben oder werden möchte und Selbstverantwortung für seine Gesundheit übernehmen mag. Bei bereits vorhandener Erkrankung findet sich ein »köstlicher« Leitfaden für eine wiederzugewinnende Gesundheit in diesem Buch.

Und daher bin ich wirklich sehr froh, dass Gabi Lendle all diese feinen, schmackhaften und vor allem gesunden Gerichte für Sie kreiert hat und bin mit Sicherheit mindestens genauso glücklich, dieses Buch jetzt in meinen Händen zu halten, wie Sie. Denn Abwechslung in der Küche führt in der Familie und bei Freunden immer wieder zu Freude und natürlich auch zu Lob.

# Was Sie über Fette wissen sollten

Jetzt ist es an der Zeit für diejenigen, die noch etwas tiefer in die Hintergründe einer gesunden Ernährungsweise einsteigen wollen, sich auf einen kleinen biochemischen Exkurs einzulassen. Keine Angst, es bleibt verständlich.

Etwas Grundwissen hilft nämlich, um bei diesem Thema mitreden zu können. Folgende Grundlagen stärken Ihr Verständnis, damit Sie Ihre Entscheidungen, wie Sie zukünftig mit diesem »fetten« Thema umgehen möchten, eigenverantwortlich treffen können.

## Jedes Fett besteht aus Fettsäuren

Fettsäuren können zu Energie umgewandelt werden, als Energiereserven im Fettgewebe gespeichert werden, sind Baustoffe für Zellwände, Nerven, Gehirn und Botenstoffe. Sie werden unterteilt in kurz-, mittel- und langkettige sowie in gesättigte und einfach oder mehrfach ungesättigte Fettsäuren.

Je nach Anzahl der Kohlenstoffatome teilt man die Fettsäuren in kurz-, mittel- oder langkettige ein. Kurzkettige Fettsäuren (bis zu 4 Kohlenstoffatome) entstehen unter anderem beim Abbau von Ballaststoffen im Dickdarm, mittelkettig werden die genannt, die zwischen 6 und 12 Kohlenstoffatome besitzen und recht gut verdaulich sind, langkettige Fettsäuren enthalten mehr als 14 Kohlenstoffatome. Letztere machen die allermeisten Fette in unserer Nahrung aus.

## Was bedeutet »gesättigte Fettsäure«?

Kohlenstoffatome haben vier freie Andockstellen. Bei den Fetten verbinden sie sich immer mit zwei weiteren Kohlenstoffatomen, sodass zwei Andockstellen frei sind, die für Wasserstoffatome genutzt werden können. Sind alle freien Bindungen mit Wasserstoffatomen belegt, spricht man von einer gesättigten Fettsäure.

### Welche Aufgaben haben gesättigte Fettsäuren?

Gesättigte Fettsäuren werden hauptsächlich zu Energie verbrannt und können in großen Mengen im Fettgewebe gespeichert werden. Außerdem werden sie in der Leber selbst hergestellt, wenn wir zu viele einfache Kohlenhydrate (besonders weißer Zucker) zugeführt haben. Wird von diesen gesättigten Fettsäuren reichlich mit der Nahrung

aufgenommen, führt dies zu einem Anstieg des Cholesterins im Blut.

In unseren Nahrungsmitteln haben die gesättigten Fettsäuren eine eher feste Konsistenz, da die Fettsäureketten eine gerade Struktur aufweisen und kompakt zusammenliegen, wie es bei der Butter und dem Kokosfett der Fall ist. Deshalb diskutiert man auch, dass sie Gefäßwände eher undurchlässiger machen und damit weniger gesund seien als die ungesättigten Fettsäuren.

### Kokosfett – ein gutes gesättigtes Fett?

Kokosfett lässt sich sehr hoch erhitzen und besteht zu großen Teilen aus mittelkettigen Fettsäuren, die derzeit sehr beworben werden.

Es scheint insbesondere die Laurinsäure zu sein, die dazu führt, dass dieses Fett ein Comeback feiert. Denn man hat es als einen wirksamen Stoff gegen Mikroben erkannt. Das Kokosöl äußerlich eine schöne Hautstruktur macht und Hautunreinheiten verringern kann, ist seit Langem bekannt. Die innerliche Wirkung ist allerdings ein noch recht junges wissenschaftliches Betätigungsfeld. Man darf auch bei diesem Fett gespannt sein, wie sich die Aussagen in den nächsten Jahren entwickeln werden.

Ich selbst gehe mit Kokosfett genauso zurückhaltend um wie mit allen anderen Fetten auch, denn nicht die Menge ist entscheidend, sondern die Qualität der gesamten Nahrung. Ich empfehle Patienten, wenn sie unbedingt etwas braten wollen, dafür kleinste Mengen Kokosfett zu verwenden, indem sie beispielsweise die Pfanne damit einpinseln. Allerdings nur als Ersatz für andere aus gesättigten Fettsäuren bestehende Fette, niemals aber zusätzlich.

### Ungesättigte Fettsäuren

Die ungesättigten Fettsäuren werden nochmals unterteilt in einfach und mehrfach ungesättigte Fettsäuren. Bei den ungesättigten Fettsäuren verbinden sich die freien Bindungsstellen der Kohlenstoffatome nicht mit Wasserstoffatomen, sondern gehen eine Doppelbindung mit dem Nachbar-Kohlenstoffatom ein. Durch eine Doppelbindung in der Kohlenstoffkette bekommt die Fettsäure einen Knick in ihrer räumlichen Struktur.

Dies ist der Grund, weshalb sie nicht so kompakt sind und eher eine flüssige Konsistenz haben, denn die Fettsäuren liegen nicht mehr so dicht aneinander. Das ist bei den meisten Pflanzenölen der Fall. Je nachdem, wie viele von diesen ungesättigten Doppelbindungen vorliegen, spricht man von einfach oder mehrfach ungesättigten Fettsäuren. Einfach ungesättigte Fettsäuren (EUFS) sind unter anderem Energielieferanten, die insgesamt als gesünder eingestuft werden, da sie den Blutcholesterinspiegel nicht erhöhen.

### Mehrfach ungesättigte Fettsäuren

Die mehrfach ungesättigten Fettsäuren kann unser Körper nicht selbst herstellen. Sie müssen daher mit der Nahrung aufgenommen werden. Diese besonderen Fettsäuren werden nicht nur für den Aufbau von Zellwänden benötigt, sondern auch für die Herstellung von

Botenstoffen unseres Immunsystems und vieles andere mehr.

Wir werden uns mit den beiden wichtigsten mehrfach ungesättigten Fettsäuren jetzt etwas genauer beschäftigen. Zum einen, weil diese viel mit Gesundheit und Krankheit zu tun haben, und zum anderen, weil die Ernährung hierbei eine extrem wichtige Rolle spielt.

Bei der Omega-3-Fettsäure befindet sich die erste Doppelbindung am 3. Kohlenstoffatom, daher der Name. Bei der Omega-6-Fettsäure befindet sich die erste Doppelbindung am 6. Kohlenstoffatom. Da diese Klassen von Fettsäuren mehrere Doppelbindungen aufweisen, spricht man hier von mehrfach ungesättigten Fettsäuren.

### Es kommt auf das Verhältnis von Omega-3- zu Omega-6-Fettsäuren an

Wichtig ist ein ausgewogenes Verhältnis der Omega-3- und der Omega-6-Fettsäuren. Aus diesen werden sogenannte Omega-3-Eicosanoide und Omega-6-Eicosanoide gebildet, die als entzündungshemmende oder als entzündungsunterstützende Botenstoffe agieren. Botenstoffe sind Signalstoffe, die der Informationsübertragung zwischen den Organen oder zwischen den Zellen eines Organs dienen.

Daher sind nicht die einen gut, wie es häufig über Omega-3-Fettsäuren zu hören ist, oder die anderen schlecht, wie man von den Omega-6-Fettsäuren hört, sondern es gibt nur ein gutes oder schlechtes Verhältnis dieser beiden Fettsäuren zueinander.

Wir benötigen immer beide Klassen der Fettsäuren. Bei einer Schürfverletzung oder einer Schnittwunde dringen schädliche Keime ein. Nun wird ein Entzündungsprozess eingeleitet, der die Durchblutung an der verletzten Stelle erhöht und die notwendigen Abwehrzellen des Immunsystems anlockt, welche die Keime bekämpfen. Hierbei spielen die Botenstoffe eine Rolle, die aus Omega-6-Fettsäuren gebildet werden. Ist dieser Vorgang abgeschlossen, werden die Eicosanoide der Omega-3-Fettsäuren aktiv und verschließen die Wunde und die Entzündung klingt ab.

## Die Ernährung kommt ins Spiel

Die Omega-3-Fettsäuren werden mithilfe bestimmter Enzyme weiter aufgebaut. Es werden Kohlenstoffatome oder weitere Doppelbindungen hinzugefügt. Erst dann werden aus ihnen die aktiven Botenstoffe (Eicosanoide), die ihren Aufgaben nachkommen können.

Genauso geht es mit den Omega-6-Fettsäuren. Allerdings benötigen beide Fettsäuren die gleichen Enzyme und treten deshalb in Konkurrenz. Die derzeitige Ernährung ist extrem Omega-6-Fettsäure-lastig und zwar durch Fleisch-, Eier- und Milchprodukte aus der Massentierhaltung, durch raffinierte Speiseöle und die vielen Fertigprodukte.

### Omega-3-Fettsäuren wirken entzündungshemmend

Zum besseren Verständnis: Vergleichbar ist die derzeitige Situation mit dem Gaspedal und der Bremse eines Autos. Das Gaspedal entspricht den Omega-6-Fettsäuren, die für die Bildung von Botenstoffen verantwortlich sind, um Entzündungsvorgänge auszulösen, wenn beispielsweise Keime eindringen. Omega-6-Fettsäuren aktivieren auch das Wachstum aller Gewebezellen, Fettgewebe eingeschlossen und fördern den Appetit. Omega-3-Fettsäuren hingegen wirken wie Bremsen, also entzündungshemmend und dämpfen das Hungergefühl. Ebenso reduzieren sie die Synthese und den Transport von Fetten. Sie sorgen dafür, dass Fette verbrannt und nicht eingelagert werden.

### Wie kommt es zum Omega-6-Fettsäuren-Überschuss?

Omega-6-Fettsäuren haben in den letzten 40 Jahren in unserer Ernährung stark zugenommen, Omega-3-Fettsäuren hingegen abgenommen. Dafür gibt es viele Gründe. Früher durften Kühe auf der Weide grasen und nahmen so viele Omega-3-Fettsäuren auf; heute werden sie in der Massentierhaltung meist mit Mais und Soja gefüttert, die überwiegend Omega-6-Fettsäuren enthalten. Diese gelangen in Form von Fleisch, Wurst und Milchprodukten in unseren Körper. Das hat bei gleich bleibender Kalorienzufuhr fatale Folgen. Es werden mehr Fette eingelagert, das Gewicht steigt und es werden mehr entzündungsfördernde Botenstoffe gebildet, die immer wieder für die Entstehung der heutigen Zivilisationskrankheiten mitverantwortlich gemacht werden.

Dass Omega-3-Fette für unsere Gesundheit wichtig sind, erfahren wir täglich in der Werbung, die uns den Verzehr von Fischprodukten empfiehlt, da diese viele Omega-3-Fettsäuren enthalten. Da die Fischvorkommen in den Meeren aber rasant abnehmen und die Meeresfauna insgesamt immer mehr geschädigt wird, kommt zunehmend Zuchtfisch auf den Markt. Hier passiert das Gleiche wie bei den Kühen.

Wie die Tiere gefüttert werden, die wir später verzehren, wirkt sich daher direkt auf unsere Gesundheit aus. Das u. a. aus zu Omega-6-Fettsäure-reicher Ernährung resultierende Übergewicht mit gleichzeitiger Leberverfettung ist die Ursache für viele der heutigen Krankheiten.

Die WHO schätzt, dass mehr als 70 % der Bevölkerung an einem Omega-3-Fettsäuren-Mangel leidet. Das optimale Verhältnis sollte 1:1 (Omega-3- zu Omega-6-Fettsäuren) bis höchstens 1:4 betragen. Die Realität sieht leider völlig anders aus, nämlich 1:15 oder noch ungünstiger.

### Vorsicht: schnelle Verderblichkeit

Aber auch hier ist wieder Vorsicht geboten. Die Nachteile der mehrfach ungesättigten Fettsäuren sollten Sie ebenfalls kennen. Aufgrund der vielen Doppelbindungen in den langen Fettsäureketten sind sie sehr bindungsfreudig und reagieren leicht mit Sauerstoff und Licht, was sehr schnell zum Fettverderb führen kann. Wir bemerken dies an dem ranzigen Geschmack des Öls. Deshalb sollten alle natürlichen Öle, aber auch Ölsamen und geschälte Nüsse, dunkel und kühl aufbewahrt werden. Denn ranzige Öle richten im Körper sehr viel Unheil an, das letzten Endes wieder zu weiteren Entzündungsreaktionen führt.

Doch bei einer natürlichen vollwertigen Pflanzenkost bieten die Vitalstoffe wie Vitamin C und viele andere mehr einen Schutz, die solche Reaktion im Körper verhindern können. Die entsprechenden Rezepte finden Sie in diesem Buch.

### Zusammenfassung

Ein Ungleichgewicht zwischen zu wenig an Omega-3-Fettsäuren und viel zu viel an Omega-6-Fettsäuren ist ungünstig.

Hohe Mengen an Omega-6-Fettsäuren sind für chronische Entzündungen mit verantwortlich, verringern die Fließeigenschaft des Blutes, verschlechtern die Sauerstoffversorgung unserer Zellen und fördern die Entstehung vieler Krankheiten wie Krebs, Allergien, Rheuma, Herz-Kreislauf-Erkrankungen und Altersdemenzen. Sie stimulieren unseren Appetit und lassen Fettzellen wachsen.

Omega-3-Fettsäuren wirken genau entgegengesetzt: Sie schützen unser Herz und Gefäßsystem, indem sie den Blutzuckerspiegel und die Blutfettwerte senken, die Fließeigenschaften des Blutes verbessern und den Blutdruck senken. Sie verbessern die Hirnleistung und wirken Altersdemenzen entgegen. Sie lindern Konzentrationsprobleme und andere »ADHS-Symptome«. Selbst bei Schlafstörungen helfen sie, lassen uns besser einschlafen und tiefer schlafen. Auch die trockene Makuladegeneration, eine Augenerkrankung, die zur Erblindung führen kann, konnte durch eine ausreichende Versorgung mit Omega-3-Fettsäuren nicht nur aufgehalten, sondern rückgängig gemacht werden. Die Sehfähigkeit verbesserte sich.

Insbesondere die entzündungshemmenden Wirkungen der Omega-3-Fettsäuren sind beeindruckend, da die meisten Zivilisationserkrankungen wie Diabetes, Herzerkrankungen, Allergien, Autoimmunerkrankungen sowie Krebs auch wegen chronischer Entzündungsvorgänge im Körper entstehen. Omega-3-Fettsäuren wirken ihnen entgegen, indem sie das Hormonsystem wieder ins Gleichgewicht bringen, den Stoffwechsel normalisieren, das Immunsystem stärken und die menschliche Hirn- und Gedächtnisleistung verbessern.

## Grundwissen zum Cholesterin

Cholesterin ist ein Stoff mit fettähnlichen Eigenschaften, ein polyzyklischer Alkohol, der zur Gruppe der Fette gezählt wird. Es ist einer der wichtigsten Baustoffe des Körpers, den er selbst herstellen kann. Es ist also nicht lebensnotwendig, Cholesterin mit unserer Nahrung zuzuführen.

Cholesterin ist ein Stoff, der in allen menschlichen Zellen vorkommt, und ein unverzichtbarer Baustein für viele lebensnotwendige Substanzen. So wird das bei den meisten Menschen in viel zu geringer Menge vorhandene Vitamin D unter dem Einfluss von Sonnenstrahlung aus Cholesterin gebildet. Etwa 4% unserer Gehirnzellen bestehen aus Cholesterin, es ist reichlich in unseren Zellmembranen enthalten und ohne diesen Stoff könnten Sexualhormone wie Östrogen, Progesteron und Testosteron nicht gebildet werden.

Das schlechte Image von Cholesterin rührt daher, dass zu große Mengen zur Entstehung von Arteriosklerose (Ablagerungen in den Gefäßwänden) und entzündlichen Veränderungen in den Gefäßen beitragen. Dann nämlich fischen es die weißen Blutkörperchen aus dem Blut, überladen sich damit, entwickeln sich zu sogenannten Schaumzellen, platzen und können sich an den Gefäßwänden entleeren. Das führt zu Entzündungsprozessen der Gefäßwände, welche die Gefäße durch immer weiter zunehmende Ablagerungen verengen.

### Der LDL-Wert ist häufig zu hoch und der HDL-Wert zu niedrig

Aber es geht nicht nur um die Gesamtmenge an Cholesterin, sondern auch um die Eigenschaft, dass sich Fette nicht in Wasser lösen und zum Transport an spezielle Transporteiweiße, die Lipoproteine, gebunden werden müssen, um zu den entsprechenden Zellen zu gelangen. Hierbei handelt es sich um die Transporter »HDL« und »LDL«.

Von großer Bedeutung ist die Verteilung von »gutem« (HDL) und »schlechtem« (LDL) Cholesterin. Optimalerweise sollten LDL und HDL in einem bestimmten Verhältnis stehen. Auf die Blutwerte bezogen sollte der LDL-Wert kleiner als 150 und der HDL-Wert bei Männern > 50, bei Frauen > 60 sein. Dann arbeitet das HDL-Cholesterin im Körper wie eine Putzkolonne und nimmt überflüssige Fette auf. Sogar dann, wenn sie bereits an den Gefäßwänden abgelagert sind. LDL-Cholesterin bringt die Fette in die Zellen, um daraus Hormone zu produzieren. Es ist nicht »schlecht«, sondern hat wahrscheinlich negative Auswirkungen, wenn es zu viel davon gibt.

Erst vor kurzer Zeit hat man einen weiteren Zusammenhang entdeckt, der für die Entstehung der Arteriosklerose möglicherweise von großer Bedeutung sein könnte. Denn nur die LDL-Proteine gefüllt mit Cholesterin sind wahrscheinlich diejenigen, die für die Ablagerungen von Cholesterin in den Gefäßwänden verantwortlich sind. Doch auch hier gibt es etwas Spannendes zu beachten, denn LDL ist nicht immer gleich LDL.

## Neues aus der Forschung zum LDL

Ein normales LDL-Cholesterin (genauer: LDL-Cholesterin Typ A) ist das uns bisher bekannte. Es ist groß und ist deswegen in der Lage, sehr viel Cholesterin zu transportieren. Durch seine Größe gelingt es Typ A aber kaum, in die Gefäßwand einzudringen. Es scheint also für die Gesundheit der Gefäße relativ harmlos zu sein.

Anders verhält es sich beim neu entdeckten LDL-Cholesterin vom Typ B. Es ist im Gegensatz zum Typ A klein, trägt relativ wenig Cholesterin, ist aber sehr dicht. Dieses LDL-Cholesterin ist wesentlich leichter in der Lage, in Gefäßwände einzudringen und dort zu den befürchteten Cholesterinablagerungen beizutragen.

Derzeit findet man bei 30 % der Bevölkerung diesen Typ B meist im Zusammenhang mit einem hohen Triglyceridspiegel, ansonsten normalem LDL-Cholesterin-Spiegel und vermindertem HDL-Cholesterin.

Der LDL Typ B, auch als atherogener Lipoprotein-Phänotyp bezeichnet, stellt wahrscheinlich eine der wichtigsten Risikofaktoren für die koronare Herzkrankheit dar. Ein Überwiegen der LDL-Partikel Typ B erhöht das Herzinfarktrisiko um das 3- bis 7-Fache, und zwar unabhängig vom LDL-Cholesterin Typ A, das bei den normalen Blutuntersuchungen gemessen wird. Einige Labors bieten bereits einen Test an, um das Verhältnis von LDL Typ A und LDL Typ B zu bestimmen.

Hinzu kommt, dass diese kleinen LDLs leichter in unserem Körper ranzig werden und somit einen weiteren wichtigen Risikofaktor darstellen. Ein Überwiegen dieser dichten LDL-Partikel ist assoziiert mit Insulinresistenz, dem metabolischen Syndrom und Diabetes mellitus Typ 2, dem sowohl eine Ernährung mit zu vielen und ungesunden Fetten, Kohlenhydraten und Eiweißen zugrunde liegt.

## Wie viel Cholesterin im Blut ist gesund?

Nach wie vor liegt für mich der ideale Gesamt-Cholesterinwert unter 170 mg/dl. Bei jungen Menschen und ganz Gesunden findet sich häufig ein Cholesterinspiegel < 150 mg/dl. Allerdings sollten alle Fettwerte bei der entsprechenden Bewertung des Gesamtfettstoffwechsels mit untersucht werden: LDL-Cholesterin (bei Hinweisen auf Stoffwechselerkrankungen auch die Unterteilung in LDL klein und groß), Triglyceride, oxidiertes LDL-Cholesterin sowie Homocystein und Lipoprotein (a).

Dringend überprüft werden muss außerdem die gängige Praxis, bei einem Gesamtcholesterin über 200 mg/dl bereits cholesterinsenkende Medikamente einzusetzen. Eine Veränderung der Ernährungsgewohnheiten, wie sie in diesem Buch empfohlen wird, macht dies ohnehin zu 99 % unnötig. Ich persönlich halte Cholesterinsenker sogar für gefährlich. Denn die fettsenkenden Medikamente (Statine), die meist verordnet werden, haben erhebliche Nebenwirkungen. Über diese Nebenwirkungen sollten Sie unbedingt Bescheid wissen. Sie senken nicht nur das Cholesterin, sondern verhindern auch die Bildung des lebensnotwendigen Provitamins Q10. Dieses ist für die Gesunderhaltung der Mitochondrien, unserer Zellkraftwerke, unverzichtbar. Patienten, die das nicht beachten, gefährden ihre Mitochondrien und leiden häufig an extremen Muskelschmerzen, ohne deren wahre Ursache zu kennen.

Nur wenn Sie an einer seltenen, ererbten Form von Fettstoffwechselstörung leiden – das trifft nur bei etwa 0,15 % der Bevölkerung zu – und zusätzlich gravierende Erkrankungen bestehen, geht es nicht ohne entsprechende Medikamente. In diesem Fall sollten Sie aber dringend zusätzlich Q10 als Nahrungsergänzung einnehmen.

## Triglyceride – auch Neutralfette genannt

Ein Triglycerid besteht aus einem Molekül Glycerin, an dem drei Fettsäuren gebunden sind, daher kommt auch ihr Name. Triglyceride stellen den Hauptteil unserer aus der Nahrung gewonnen Fette dar. Aber unser Körper ist auch in der Lage, es selbst zu bilden, und zwar aus jedem Zucker! Und aus Alkohol!

Die Zufuhr von zu viel Fettsäuren führt zu einer ungewöhnlich hohen Einlagerung von Fettsäuren in der Leber. Doch zuerst muss die Leber die Fettsäuren noch in ihre Speicherform, die Triglyceride, überführen. Triglyceride sind praktisch ein Dreierpack Fettsäuren, der sich viel besser transportieren und speichern lässt.

Eine Verfettung der Leber ist hoch gefährlich. Denn dadurch verliert sie an Kapazität, ihren eigentlichen Aufgaben nachzukommen, nämlich als Entgiftungsorgan zu wirken. Um dieses zu gewährleisten, bildet die Leber einen weiteren Fetttransporter, mit dem die neu gebildeten Triglyceride beladen werden können.

Diese werden ins Blut abgegeben und bei der Blutuntersuchung als hohe Triglyceridspiegel festgestellt. Ein erhöhter Wert ist ein typisches Zeichen für die Entstehung oder ein bereits vorhandenes metabolisches Syndrom.

Auch um diesen ungesunden biochemischen Vorgang zu vermeiden, halten Sie genau das richtige Buch in der Hand. Denn Sie werden mit einer einfachen Laboruntersuchung testen können, wie einfach der gefährliche, hohe Triglyceridspiegel mit den entsprechenden veränderten Ernährungsweisen – und bitte niemals die Bewegung vergessen – innerhalb von wenigen Wochen wieder in den Normbereich sinken kann.

## Transfettsäuren

Transfettsäuren sind ungesättigte Fettsäuren, die natürlicherweise in Milchfetten wie Butter enthalten sind, kommen aber vor allem in industriell gefertigter Nahrung vor. Sie entstehen durch extreme Hitzeeinwirkung beim industriellen Härten von Ölen und um streichfähige Fette wie Margarine herzustellen. Aber auch beim Erhitzen und Braten über einen längeren Zeitraum verändern die Fette ihre Molekülgeometrie und werden für unsere Gesundheit extrem gefährlich. Man kann sie sich als klebrige Masse vorstellen, die sich an Zellwände und Blutbahnen anhaftet und damit diese in ihrer Funktion erheblich beeinträchtigt.

Diese Transfettsäuren sind mit verantwortlich für die Entstehung vieler moderner, chronischer Erkrankungen, wie Herz-Kreislauf-Erkrankungen, Allergien und Krebserkrankungen. Zu finden sind sie in unserem modernen Essen fast überall, in Pommes, Chips, in allen weiteren frittierten Lebensmitteln, in Berlinern, Blätterteig und vielen anderen Backwaren, Fertiggerichten, Aufstrichen, Panaden, Eis, Wurst und selbst in Müsliriegeln sowie Frühstücksflocken.

In den USA wird diesem Problem eine große Bedeutung beigemessen.

Einige Restaurants werben bereits damit, dass sie transfettsäurefrei kochen. Der Konsument kann auf allen abgepackten Nahrungsmitteln den Transfettsäuregehalt nachlesen, was bei uns in Europa (leider) noch nicht der Fall ist. Daher achten Sie als Verbraucher darauf, ob sich unter den aufgeführten Inhaltsstoffen »gehärtete« oder »zum Teil gehärtete Fette« befinden. Diese Produkte sollten Sie dann unbedingt meiden. Bei nicht verpackten Nahrungsmitteln wird es allerdings schwierig, in Erfahrung zu bringen, ob Transfettsäuren enthalten sind.

## Dr. Esselstyn: »Essen gegen Herzinfarkt«

Bekannte, erfahrene Ärzte und Ernährungswissenschaftler wissen genau, warum sie ihren Patienten eine fettreduzierte, vollwertige pflanzliche Ernährung empfehlen.

Dr. Caldwell B. Esselstyn war Chirurg an der renommierten Cleveland Klinik in Ohio, USA, eine der weltweit besten Herzkliniken. Als er 1985 mit seiner berühmten Studie begann, war dies ein Versuch zur Rettung von Patienten, denen kein Chirurg mehr helfen konnte und deren medikamentöse Therapie ausgereizt war.

Zahlreiche Operationen am offenen Herzen, Gefäßplastiken, Stents, Medikamente über Medikamente – alles ohne die Hoffnung auf Besserung geschweige denn Heilung. Dass die moderne Ernährungsweise mit den immer häufiger auftretenden Herzinfarkten und Herzerkrankungen im Zusammenhang steht, war bereits damals nicht mehr zu übersehen.

In seinem Buch *Essen gegen Herzinfarkt* (TRIAS Verlag) berichtet er über seine Arbeit und wie mithilfe einer rein pflanzenbasierten vollwertigen Ernährung Herzerkrankungen auch im fortgeschrittenen Stadium gestoppt und sogar rückgängig gemacht werden können.

### Revolutionäre Studienergebnisse

Diese erste Studie von Dr. Esselstyn mit 24 Patienten, die an einer fortgeschrittenen koronaren Herzkrankheit litten, startete 1985. Die Patienten waren bereit, sich streng an seine Empfehlungen zu halten und sich »fettfrei« und ausschließlich pflanzenbasiert zu ernähren. Die meisten von ihnen hatten bereits Bypass-Operationen hinter sich und lehnten weitere Behandlungen dieser Art ab. Nach wenigen Wochen brachen sechs Teilnehmer ihre neue Ernährungsform und die Teilnahme an der Studie ab. Bei allen sechs schritt die Erkrankung fort. Demgegenüber gesundeten die 18 Patienten, die das empfohlene Ernährungsprogramm weiter durchführten. Die Blutversorgung des Herzens verbesserte sich, da sich die Gefäßdurchmesser wieder messbar weiteten. Die Patienten waren noch 20 Jahre später frei von Herzkrankheiten. Und ihre Blutfettwerte lagen alle in einem für viele scheinbar unerreichbaren Traumbereich.

Ein gesundes Fettsäuremuster ist die Voraussetzung für gesunde Gefäße. Zu viele gesättigte Fettsäuren, besonders aus tierischen Lebensmitteln, erhitzte Pflanzenöle oder gar Transfette torpedieren diesen Heilungsprozess.

### Stickstoffmonoxid: Schutzstoff für die Blutgefäße

Esselstyn beschreibt in seinem Buch noch einen weiteren hoch spannenden Vorgang. Pflanzenbasierte Ernährung setzt einen Mechanismus in Gang, der den meisten nicht bekannt ist. Die Gefäßinnenhaut (das Endothel der Blutgefäße), deren wesentlicher Baustein, die besonders in Hülsenfrüchten vorkommende Aminosäure L-Arginin ist, beginnt Stickstoffmonoxid herzustellen. Dieser Stoff entspannt die Blutgefäße, verhindert, dass Plaques gebildet werden, dass Muskelzellen in die

Ablagerungen hineinwachsen und sorgt für den Abbau von bereits vorhandenen Plaques. Diese immens wichtigen Forschungsergebnisse über Stickstoffmonoxid wurden bereits 1998 mit einem Nobelpreis für Medizin gewürdigt. Im Gegensatz dazu wird bei einem Eiweißstoffwechsel aus tierischen Quellen eine Substanz namens ADMA gebildet, die L-Arginin verdrängt, sodass weniger Stickstoffmonoxid gebildet wird. Aber auch hier hat die Natur vorgesorgt mit einem Gegenspieler in Form eines weiteren Enzyms namens DDAH. Dieses hat die Aufgabe, ADMA zu zerstören und für eine ausreichende Bildung von Stickstoffmonoxid zu sorgen. Doch wichtig ist in diesem Zusammenhang, dass alle anderen bekannten Faktoren, die zur Entstehung von Arteriosklerose und allen Herzkrankheiten beitragen, die Aktivität des DDAH hemmen; dies sind: erhöhte Blutfettwerte, erhöhtes Homocystein, Insulinresistenz und erhöhte Blutzuckerspiegel. Diese Zusammenhänge könnten wesentliche Schlüsselmechanismen für die Gesundheit unserer Herzen und Gefäße sein; wir sollten darum wissen!

Sehr wichtig in diesem Zusammenhang ist mir wieder, an die körperliche Bewegung zu erinnern. Denn durch körperliche Aktivität wird ebenfalls Stickstoffmonoxid für die Gesundheit unserer Gefäßsysteme gebildet. Auch wegen der eben geschilderten Vorgänge sollten Sie immer in Bewegung bleiben.

## Dr. Ornishs »Revolution in der Herztherapie«

Dr. Dean Ornish ist ein weiterer Pionier, der die gängigen Ernährungsempfehlungen für die heutigen Zivilisationskrankheiten verantwortlich macht. Er veröffentlichte bereits 1990 das Buch *Dr. Dean Ornish's Program For Reversing Heart Disease*. In Deutschland ist das Buch seit 2006 erhältlich unter dem Titel *Revolution in der Herztherapie*. Ornish begleitete mit seinem Konzept viele bekannte Menschen, zu denen auch der frühere Präsident der USA, Bill Clinton, gehört, der wohl bekannteste Veganer der Welt. Clinton litt an einer koronaren Herzerkrankung, die mehrmals operiert werden musste, bevor er sich auf eine komplette Veränderung seines Lebensstils einließ.

Ebenso wie Esselstyn konnte Ornish in klinischen Studien nachweisen, dass sich bereits verengte Koronararterien durch eine Veränderung der Ernährungs- und Lebensgewohnheiten wieder weiten konnten. Deshalb empfiehlt er eine überwiegend pflanzenbasierte, fettarme Ernährung, ausreichend Bewegung und ein zusätzliches Seelenfriedenprogramm. Auch ihm ist selbstverständlich klar, dass es zu einem Heilerfolg und zu einer stabilen Gesundheit nicht nur durch die Senkung des Cholesterinspiegels kommen kann. Sein Programm ist ein komplettes Lebensstilkonzept.

## Campbells »China Study«

Prof. T. Colin Campbell ist Biochemiker und einer der weltweit anerkanntesten Ernährungsforscher, der wohl eine der größten Ernährungsstudien aller Zeiten durchgeführt hat. In seinem Buch *China Study* begründet er, weshalb eine fettarme, vollwertige Pflanzenkost die gesündeste Ernährungsform des Menschen sei. Seine eigene Forschung konnte in beeindruckender Weise zeigen, wie pflanzliche Kost Krebstumore zum Schmelzen bringt und weshalb tierische Eiweiße, insbesondere das Kasein, das Tiermilcheiweiß, für die Entstehung von schweren Krankheiten, insbesondere von Krebs verantwortlich ist (siehe Kasten Seite 131). In Deutschland liegt die durchschnittliche Proteinzufuhr bei 14 %, also deutlich zu hoch, denn 8–10 % sind ausreichend.

Es gibt zahlreiche Hinweise, dass die Ergebnisse dieser Tierversuche auch auf den Menschen übertragbar sind. Campbells jahrzehntelange Forschungsarbeit zeigte aufschlussreich die Entstehung der heutigen Zivilisationserkrankungen durch falsche Ernährung auf. Sein Buch spielt eine wesentliche Rolle bei der derzeitigen, immer mehr um sich greifenden veganen Ernährung.

In einem aktuellen Artikel weist Campbell ausdrücklich darauf hin, dass die gesättigten Fettsäuren nicht die Hauptschuldigen für eine ungesunde Ernährung seien. Vielmehr geht er davon aus, dass die tierischen Eiweiße eine viel größere Rolle als Krankheitsauslöser spielen. Letzten Endes kommt er zu dem Schluss, dass die Lösung der ernährungsbedingten Erkrankungen in einer veganen, vollwertigen Kost zu finden sei.

## Leitzmann: Pionier der Vollwert-Ernährung

Prof. Claus Leitzmann ist mein persönlicher Mentor seit mehr als 25 Jahren, mein väterlicher Freund und vor allem mein Vorbild zusammen mit seiner wunderbaren Frau Ille. Beide ernähren sich seit fast 40 Jahren mit der vegetarischen Variante der von ihm mitentwickelten zeitgemäßen und nachhaltigen Vollwert-Ernährung. Er hat sich seit Jahrzehnten den vielen Fragen einer »gesunden« Ernährungsweise gestellt. Mehrere Studien wie die »Gießener Vegetarier Studie«, die »Gießener Rohkoststudie« und die »Deutsche Veganstudie« wurden unter seiner Leitung durchgeführt. Sie gehörten zu den ersten wissenschaftlichen Studien in Deutschland zu diesen Themen. Und das zu einer Zeit, in der sich im deutschsprachigen Raum kaum jemand kritisch mit pflanzenbasierten Ernährungsweisen beschäftigt hat.

## Fazit: Es ist ganz einfach, Gesundheit zu leben

Hier noch einmal das Wesentliche in aller Kürze:

> ### Tierversuche zur Krebsentstehung: die Rolle von Milcheiweiß (Kasein)
>
> In Campbells Tierversuchen wurden Ratten krebserzeugende Stoffe verabreicht. Danach bekam die eine Hälfte eine mit 5 Energieprozent Kasein angereicherte Nahrung, die andere Hälfte eine Nahrung mit 20 % Milcheiweiß. Bei einer Zufuhr von 5 % Kasein entwickelten die Ratten keinen Krebs. Bei 20 % wurde das Krebswachstum signifikant angeregt. Eine weitere Versuchsreihe ging noch einen wesentlichen Schritt weiter. Alle drei Wochen wurde die Ernährungsweise geändert, bei einer Ernährung mit 20 % Kasein stieg die Anzahl der Krebszellen an, bei einer Reduzierung auf 5 % ging das Krebswachstum zurück, bei erneutem Anstieg auf 20 % kam der Krebs wieder. Campbell konnte bei seinen Versuchsreihen die Krebsentwicklung durch die Höhe der Kaseinzufuhr an- und abschalten.

1. Je geringer der zugeführte zusätzliche Fettanteil in unserer täglichen Nahrung, umso besser ist es für unseren Gesundheitszustand.
2. Automatisch verringert sich dadurch auch die aufgenommene Kalorienzufuhr und Sie beugen damit zusätzlich dem Übergewicht vor.
3. Werden die gesättigten Fette, wie sie meist in tierischen Nahrungsmitteln enthalten sind, stark reduziert und dadurch der vollwertige pflanzliche Anteil erhöht, wirkt man den heute üblichen Zivilisationserkrankungen selbstverantwortlich entgegen.

4. Die besten Quellen für ungesättigte Fettsäuren finden sich in den ganzen, unverarbeiteten Samen, wie beispielsweise in Leinsamen, Hanfsamen oder aber auch in Walnüssen. Diese sind weniger anfällig für Oxidation, das heißt, für das Ranzigwerden, denn sie enthalten noch Ballaststoffe und antioxidativ wirkenden Vitalstoffe.
5. Ein großer Teil – mindestens die Hälfte – der täglichen Nahrung sollte aus Frischkost, regionalem Obst wenn möglich, Gemüse, Salaten sowie Wildkräutern bestehen.
6. Bei einer derartigen Ernährung versteht es sich von selbst, dass weißer Zucker, der in Produkten wie Süßigkeiten, Softdrinks, Eis, Gebäck, Kuchen enthalten ist, genauso zu meiden ist wie schnell verwertbare und leere Kohlenhydrate aus Weißbrot, Pasta, Fertiggerichten und geschältem Reis.
7. Für all diejenigen, die gesund sind, ist dies die Ernährungsweise, die ihre Gesundheit unterstützt und sie vor dem Entstehen vieler Krankheiten schützt.
8. Sind Sie bereits erkrankt an Diabetes, Fettleber, Fettstoffwechselstörungen, fortgeschrittener Herz-Kreislauf-Erkrankung oder an Krebs (allerdings nicht im fortgeschrittenen Stadium), sollten Sie Ihren Fettkonsum auf ein Minimum der täglichen Nahrungszufuhr begrenzen.
9. Versorgen Sie Ihren Körper mit ausreichend natürlichen Antioxidanzien und weiteren Vitalstoffen, gegebenenfalls auch durch komplexe Nahrungsergänzungsmittel in nahrungsmitteltypischen Dosierungen.
10. Kauen Sie gründlich und trinken Sie 15 Minuten vor dem Essen ein Glas Wasser.
11. Hält man sich an diese einfachen Richtlinien und bedient sich dieser außerordentlich wohlschmeckenden und gesunden Rezepte in unserem Kochbuch, unterstützt dies einen bereits erkrankten Körper bei der Heilung.
12. Wenn Sie diese Ernährung noch mit einer qualitativ hochwertigen körperlichen Bewegung verbinden, können Sie wahre »Wunder« bewirken.

## Zutaten- und Rezeptverzeichnis

**A**
Ahorn-Senf-Dressing 102
Apfel
– Bunter Rohkostsalat 96
– Gedünsteter Apfel 23
– Nudeln mit Rosenkohl und Tomaten-Apfel-Sauce 58
Aprikosen-Orangen-Tarte 74
Asia-Schüttel-Salat 90
Aubergine
– Einfaches Auberginengratin 44
– Grillpfanne mit Zucchini, Fenchel und Aubergine 33
– Reisnudeln in Tomaten-Borlotti-Bohnen-Sauce 59
– Soba-Nudeln mit Auberginen-Tomaten-Sauce 60
Avocado
– Avocado-Orange-Dressing 102
– Bandnudeln mit Brokkoli, Avocado und Rucola 32
– Cocktail-Tomaten-Salat mit Kichererbsen 91
– Shiitake-Pilz-Burger de Luxe 92

**B**
Banane
– Heidelbeer-Banane-Porridge 22
– Morgenstart-Smoothie 24
– Omega-3-Power-Smoothie 24
– Schoko-Plätzchen mit Apricoture 81
Bandnudeln mit Brokkoli, Avocado und Rucola 32
Birne
– Hirse-Schnitten mit Birne, Fenchel und Senf-Topping 46
– Italian-Pasta-Schüttel-Salat 98
Blattspinat
– Morgenstart-Smoothie 24
– Rote-Bete-Tarte mit karamellisiertem Babyspinat 38
– Runder Dinkel-Spinat-Braten 69
– Spaghetti di Mare mit Zitronensauce 37
– Wraps mit Spinat und feuriger Bohnencreme 99
Brokkoli
– Bandnudeln mit Brokkoli, Avocado und Rucola 32
– Brokkoli-Kartoffel-Curry-Auflauf 44
– Brokkoli-Linsen-Paste 29
– Orientalischer Kichererbsen-Eintopf 43

**C**
Cashews
– Cashew-Creme für Pizza 105
– Cashew-Dressing 102
– Cashew-Frischkäse 29
– Lauchpizza 48
– Mediterran gefüllte Fenchel 51
Cocktail-Tomaten-Salat mit Kichererbsen 91

**D**
Dicke-Bohnen-Frikadellen 90
Dinkel-Müslistangen 82
Dinkel-Pizzateig 105
Dinkelvollkorn-Kartoffelbrot 87

**E**
Einfaches Auberginengratin 44
Einfache Vollkornbrötchen 85
Erdbeeren
– Erdbeer-Hanf-Porridge 22

**F**
Fenchel
– Fenchel-Tomaten-Pfanne 41
– Grillpfanne mit Zucchini, Fenchel und Aubergine 33
– Hirse-Schnitten mit Birne, Fenchel und Senf-Topping 46
– Mediterran gefüllte Fenchel 51
– Spaghetti di Mare mit Zitronensauce 37
Fettucine mit grünem Spargel 45
Feurig marinierter Tempeh aus dem Backofen 45
Fruchtiger Buchweizen-Salat 95

**G**
Gedünsteter Apfel 23
Gefüllte Paprikaschoten 41
Grillpfanne mit Zucchini, Fenchel und Aubergine 33
Grünkern-Frikadellen 40

**H**
Hefezopf 81
Heidelbeeren
– Heidelbeer-Banane-Porridge 22
– Pfannkuchen mit Waldpilz-Heidelbeer-Füllung 34
Himbeeren
– Hirse-Pudding mit Himbeeren 22
Hirse
– Hirse-Pudding mit Himbeeren 22
– Hirse-Salat mit Mango an Senf-Dressing 96
– Hirse-Schnitten mit Birne, Fenchel und Senf-Topping 46
– Hirse-Taboulé 91
– Hirsotto mit karamellisiertem Radicchio 46
Hokkaido-Kürbis-Lasagne 54
Hummus mit geröstetem Sesam 27

**I**
Ingwer-Curry-Aufstrich 27
Inka-Porridge 23
Italian-Pasta-Schüttel-Salat 98

**K**
Kalt geführter Vollkornhefeteig für Brot, Brötchen oder Pizza auf Vorrat 86
Karotten
– Bunter Rohkostsalat 96
– Nudeln mit Karotten-Kokos-Sugo und Sesam 53
– Rote-Bete-Tarte mit karamellisiertem Babyspinat 38
Kartoffeln
– Brokkoli-Kartoffel-Curry-Auflauf 44
– Dinkelvollkorn-Kartoffelbrot 87
– Kartoffelgratin 103
– Kartoffel-Paprika-Gulasch 48
– Kartoffel-Pizzaboden 104
– Quinoa-Kartoffel-Bratlinge 49
– Schupfnudeln 103
Käsekuchen mit Fruchtgarnitur 77
Käsesahnesauce 106
Kichererbsen
– Cocktail-Tomaten-Salat mit Kichererbsen 91
– Hummus mit geröstetem Sesam 27
– Orientalischer Kichererbsen-Eintopf 43
– Spirelli in Kichererbsensauce 65
Kidneybohnen
– Dicke-Bohnen-Frikadellen 90
– Nudeln mit Bohnen-Kugeln und Tomatensauce 65
– Wraps mit Spinat und feuriger Bohnencreme 99
Klecks-Kekse mit Walnüssen 77
Kohl
– Spitzkohl-Tomaten-Shiitake-Gemüse aus dem Wok 66
– Vollkornreis mit Grünkohl-Curry 69
– Wirsing-Rouladen 41
Kokosmilch, selbst gemacht 33
Kräuter-Sesam-Aufstrich 28
Kürbis
– Hokkaido-Kürbis-Lasagne 54

**L**
Lauch
– Lauchpizza 48
Linsen
– Asia-Schüttel-Salat 90
– Brokkoli-Linsen-Paste 29
– Linsen-Gemüse-Eintopf 52
– Linsen-Gemüse-Knödel 40
– Linsensalat all'arrabbiata 99
– Linsensuppe mit Estragon 43
– Polenta-Linsen-Nocken auf Sauerkraut 54
– Rote-Linsen-Aufstrich 28
Lupinen-Paste 28

**M**
Mango
– Asia-Schüttel-Salat 90
– Fruchtiger Buchweizen-Salat 95

- Hirse-Salat mit Mango an Senf-Dressing 96
- Omega-3-Power-Smoothie 24

Marinierter, gebackener Tofu 49
Marmorkuchen 74
Mediterran gefüllte Fenchel 51
Melone
- Fruchtiger Buchweizen-Salat 95
- Originelle Honigmelonen-Torte 79

Morgenstart-Smoothie 24

## N

Nudeln
- Bandnudeln mit Brokkoli, Avocado und Rucola 32
- Fettucine mit grünem Spargel 45
- Italian-Pasta-Schüttel-Salat 98
- Nudeln mit Bohnen-Kugeln und Tomatensauce 65
- Nudeln mit Karotten-Kokos-Sugo und Sesam 53
- Nudeln mit Rosenkohl und Tomaten-Apfel-Sauce 58
- Spaghetti bolognese 63
- Spaghetti di Mare mit Zitronensauce 37
- Spirelli in Kichererbsensauce 65
- Vollkornpasta mit Linsen und Basilikum-Pesto 66

## O

Omega-3-Power-Smoothie 24
Orange
- Avocado-Orange-Dressing 102
- Morgenstart-Smoothie 24

Orientalischer Kichererbsen-Eintopf 43
Originelle Honigmelonen-Torte 79

## P

Paprika
- Gefüllte Paprikaschoten 41
- Hirse-Salat mit Mango an Senf-Dressing 96
- Hirse-Taboulé 91
- Kartoffel-Paprika-Gulasch 48
- Linsensalat all'arrabbiata 99

- Pikante Crêpes-Röllchen mit Paprika 95
- Schnelle Nudel-Pfanne 52
- Spaghetti bolognese 63

Pfälzer Veggie-Leberwurst 24
Pfannkuchen mit Dinkel und Buchweizen 104
Pfannkuchen mit Waldpilz-Heidelbeer-Füllung 34
Pikante Crêpes-Röllchen mit Paprika 95
Pilze
- Pfannkuchen mit Waldpilz-Heidelbeer-Füllung 34
- Pizza-Schiffe mit Tomaten und Pilzen 57
- Shiitake-Pilz-Burger de Luxe 92
- Spitzkohl-Tomaten-Shiitake-Gemüse aus dem Wok 66

Pizza-Schiffe mit Tomaten und Pilzen 57
Polenta-Linsen-Nocken auf Sauerkraut 54
Polenta-Schnitten 103

## Q

Quiche mit Rosenkohl, Süßkartoffeln und Orange 32
Quinoa
- Quinoa-Kartoffel-Bratlinge 49
- Wraps mit Spinat und feuriger Bohnencreme 99

Quittenkuchen 76

## R

Reis
- Vollkornreis mit Grünkohl-Curry 69
- Vollkorn-Risotto mit Knusper-Tofu und Kümmel 71
- Zucchini-Aprikosen-Risotto mit Erdnüssen 38

Reisnudeln
- Asia-Schüttel-Salat 90
- Reisnudeln in Tomaten-Borlotti-Bohnen-Sauce 59
- Schnelle Nudel-Pfanne 52
- Spitzkohl-Tomaten-Shiitake-Gemüse aus dem Wok 66

Rhabarberkuchen mit Vanillecreme und Mandeln 80
Rohköstliche Marmelade 23

Rosenkohl
- Nudeln mit Rosenkohl und Tomaten-Apfel-Sauce 58
- Quiche mit Rosenkohl, Süßkartoffeln und Orange 32
- Rosenkohl-Curry 60

Rosinenbrötchen 85
Rote Bete
- Bunter Rohkostsalat 96
- Rote-Bete-Schnitzel in Kokos-Curry-Panade 53
- Rote-Bete-Tarte mit karamellisiertem Babyspinat 38

Rote-Linsen-Aufstrich 28
Runder Dinkel-Spinat-Braten 69

## S

Salzige Waffeln 104
Sauerkraut
- Polenta-Linsen-Nocken auf Sauerkraut 54
- Sauerkraut mit Weintrauben 49

Schnelle mexikanische Lasagne 70
Schnelle Nudel-Pfanne 52
Schnelle Süßkartoffel-Koriander-Pfanne 58
Schnelle Tomatensauce 106
Schoko-Plätzchen mit Apricoture 81
Schupfnudeln 103
Sellerie-Sesam-Schnitzel 59
Shiitake-Pilz-Burger de Luxe 92
Soba-Nudeln mit Auberginen-Tomaten-Sauce 60
Spaghetti bolognese 63
Spaghetti di Mare mit Zitronensauce 37
Spargel
- Fettucine mit grünem Spargel 45
- Spargel mit Thymian-Orangen-Senf-Sauce 63

Spirelli in Kichererbsensauce 65
Spitzkohl-Tomaten-Shiitake-Gemüse aus dem Wok 66
Steckrübe
- Rosenkohl-Curry 60

Süßkartoffeln
- Quiche mit Rosenkohl, Süßkartoffeln und Orange 32

- Schnelle Süßkartoffel-Koriander-Pfanne 58

## T

Tempeh
- Feurig marinierter Tempeh aus dem Backofen 45

Tofu
- Dicke-Bohnen-Frikadellen 90
- Ingwer-Curry-Aufstrich 27
- Käsekuchen mit Fruchtgarnitur 77
- Marinierter, gebackener Tofu 49
- Pfälzer Veggie-Leberwurst 24
- Pikante Crêpes-Röllchen mit Paprika 95
- Quiche mit Rosenkohl, Süßkartoffeln und Orange 32
- Quittenkuchen 76
- Rhabarberkuchen mit Vanillecreme und Mandeln 80
- Rote-Bete-Tarte mit karamellisiertem Babyspinat 38
- Runder Dinkel-Spinat-Braten 69
- Spirelli in Kichererbsensauce 65
- Vollkorn-Risotto mit Knusper-Tofu und Kümmel 71

Tomaten
- Cocktail-Tomaten-Salat mit Kichererbsen 91
- Fenchel-Tomaten-Pfanne 41
- Italian-Pasta-Schüttel-Salat 98
- Linsensalat all'arrabbiata 99
- Nudeln mit Rosenkohl und Tomaten-Apfel-Sauce 58
- Pizza-Schiffe mit Tomaten und Pilzen 57
- Tomaten-Aprikosen-Chutney 27
- Tomaten-Sugo 106
- Vollkornpasta mit Linsen und Basilikum-Pesto 66

Tomaten, getrocknete
- Cocktail-Tomaten-Salat mit Kichererbsen 91
- Tomaten-Mandel-Aufstrich 29

Tomatensauce für Pizza 105

**V**
Variable Früchte-Overnight-Oats 98
Vollkornpasta mit Linsen und Basilikum-Pesto 66
Vollkornreis mit Grünkohl-Curry 69
Vollkorn-Risotto mit Knusper-Tofu und Kümmel 71

**W**
Weintrauben
− Sauerkraut mit Weintrauben 49
Wirsing-Rouladen 41

**Wraps** mit Spinat und feuriger Bohnencreme 99

**Z**
Zucchini
− Grillpfanne mit Zucchini, Fenchel und Aubergine 33
− Zucchini-Aprikosen-Risotto mit Erdnüssen 38

Zwetschgenkuchen 79
Zwiebeln
− Käsesahnesauce 106
− Pfälzer Veggie-Leberwurst 24
− Schnelle Tomatensauce 106
− Zwiebelkuchen 62

# Stichwortverzeichnis

**A**
Ahornsirup 15
Aminosäure 16
Anbraten 11
Apfelmark 12
Arbeitsschritte, Rezepte 17
Auszugsmehl 112
Avocado 9, 112

**B**
Backen 12
Backofen 17
Ballaststoffe 15
Bewegung 115, 130
Blutzuckerspiegel 15
Braten 11
Butterersatz 12

**C**
Campbell, Prof. Colin 130
Cashews 112
Chiasamen 13, 112
China Study 130
Cholesterin 118, 126
Cholesterinsenker 127
Cholesterinspiegel 118
Cholesterinwert 127

**D**
Dampfgarer 11
Dattelsirup 16
Diabetes mellitus 119
Doppelbindungen 123, 125
Dr. Bruker 110
Dünsten 11

**E**
Eicosanoide 124
Einfachzucker 15

Eiweiß 16
Eiweißbedarf 16
Eiweiß, pflanzliches 16
5-Elemente-Ernährung 110
Entzündungsprozess 117, 124
Erdnussöl 12
Ernährung
− fettarme 112
− fettreiche 116
− gesunde 110
− herzgesunde 9, 112
− pflanzenbasierte 129
− Umstellung 112
Ernährungskonzept, ganzheitliches 115
Esselstyn, Dr. Caldwell 10, 129

**F**
Fertignahrung 116
Fette 114
− falsche 115
− Geschichte 117
− tierische 9
Fettleber 121
Fettsäuren 122
− einfach ungesättigte 10, 123
− gesättigte 122
− mehrfach ungesättigte 123
Fettverderb 125
Fettverzicht 114
Fettzufuhr, Reduktion 117
Früchte 15
Fruchtzucker 15, 119

**G**
Gemüse 15, 112
Gemüsebrühe 17
Gesundheit 117
Getreidemühle 110, 111

Gichtanfall 110
Grundumsatz 116

**H**
HDL-Wert 126
Herzerkrankung 118
Herzgesundheit 9
Herzkrankheit 117
− koronare 129
Herz-Kreislauf-Beschwerden 10
Herz-Kreislauf-Erkrankungen 9, 117, 118, 128
Honig 15
Hülsenfrüchte 16

**I**
Insulinresistenz 121
Insulinspiegel 121

**J**
Jo-Jo-Effekt 14

**K**
Kalorien 116
Kartoffeln 15
Kasein 131
Kochen 12
− fettfreies 11
Kohlenhydrate 14
− vollwertige komplexe 15
Kokosblütenzucker 16
Kokosfett 123
Kokosöl 12
Kortison 110
Krebsentstehung 131

**L**
LDL-Cholesterin 127
LDL-Wert 126

Lebensmittel, Qualität 115
Leber, Verfettung 128
Leinsamen 13, 112
Leitzmann, Prof. Claus 131
Leptin 120, 121
Lipoprotein-Phänotyp, atherogener 127
Low-Carb-Diät 14

**M**
Makuladegeneration 126
Mandelöl 12
Margarine 118
MCT-Fette 12
Medikamente
− cholesterinsenkende 118
− fettsenkende 127
Metabolic-Balance-Diät 14
Milcheiweiß 131

**N**
Nahrungsmittel, Wertigkeit 116
Nüsse 9, 112

**O**
Obst 15, 112
Öl 11, 12
− gutes 113
− Trübstoffe 113
Olivenöl 9, 10
Omega-3-Fettsäuren 13, 112, 116, 124, 125
Omega-6-Fettsäuren 13, 116, 124, 125
Omega-6-Fettsäuren-Überschuss 125
Ornish, Dr. Dean 130

**P**
Pfanne, Antihaft-Beschichtung 11
Pfeffer 17
Pflanzenmilch 17
**Pflanzenöl** 13, 112, 120
– Qualität 113
Pflanzensahne 17
Pflanzenstoffe, sekundäre 116
Polyarthritis 110
Polyphenole 116
Portionsmenge 17

**R**
Rapsöl 13
Rheumakrankheit 110

**S**
Salvestrole 116
Sättigungshormon 120
Sojaprodukte 112
Soja-TVP-Produkte 112
Sonnenblumenöl 12
Statine 127
Stevia 16
Stickstoffmonoxid 129
Süßes 121
Süßhunger 15
Süßigkeiten 15
Syndrom, metabolisches 118, 120

**T**
Tofu 112
Transfettsäuren 128
Traubenzucker 15
Triglyceride 128
Triglyceridspiegel 127
Trockenfrüchte 15, 112

**U**
Übergewicht 116, 118, 120

**V**
Verbrennungsmaschine 115
Vitalstoffe 111
Vitaminbedarf 112
Vitamine 116

**W**
Vollkornmehl 111
Vollkornprodukte 15, 112
Vollwert-Ernährung 131

**W**
Weichteilrheuma 110
Weißmehl 14
Weißmehlprodukte 118

**X**
Xylit 16

**Z**
Zucker 15, 112
Zuckerersatzstoffe 16
Zuckerkonsum 118
Zweifachzucker 15

---

### Liebe Leserin, lieber Leser,

hat Ihnen dieses Buch weitergeholfen? Für Anregungen, Kritik, aber auch für Lob sind wir offen. So können wir in Zukunft noch besser auf Ihre Wünsche eingehen. Schreiben Sie uns, denn Ihre Meinung zählt!

Ihr TRIAS Verlag

E-Mail Leserservice
Kundenservice@trias-verlag.de

Lektorat TRIAS Verlag
Postfach 30 05 04
70445 Stuttgart
Fax: 0711 89 31-748

## Impressum

**Bibliografische Information der Deutschen Nationalbibliothek**
Die Deutsche Nationalbibliothek verzeichnet diese Publikation in der Deutschen Nationalbibliografie; detaillierte bibliografische Daten sind im Internet über http://dnb.d-nb.de abrufbar.

Programmplanung: Uta Spieldiener
Redaktion: Anne Bleick, Stuttgart
Bildredaktion: Christoph Frick
Fotos Autorin: Fabian Fess

Umschlaggestaltung und Layout:
CYCLUS Visuelle Kommunikation, Stuttgart

Bildnachweis:
Umschlagfoto: Stockfood
Rezeptfotos: Gunda Dittrich, Wien
Foodstyling: Valentino Brienza, Wien
Bastian Kempf: S. 2, S. 120
Fabian Fess: S. 111, S. 113

1. Auflage 2017

© 2017 TRIAS Verlag in
Georg Thieme Verlag KG
Rüdigerstraße 14, 70469 Stuttgart

Printed in Germany

Satz und Repro: Fotosatz Buck, Kumhausen
Gesetzt in Adobe InDesign CS6
Druck: AZ Druck und Datentechnik GmbH, Kempten

Gedruckt auf chlorfrei gebleichtem Papier

ISBN 978-3-432-10268-9

Auch erhältlich als E-Book:
eISBN (PDF)   978-3-432-10269-6
eISBN (ePub) 978-3-432-10270-2

1 2 3 4 5 6

**Wichtiger Hinweis:** Wie jede Wissenschaft ist die Medizin ständigen Entwicklungen unterworfen. Forschung und klinische Erfahrung erweitern unsere Erkenntnisse. Ganz besonders gilt das für die Behandlung und die medikamentöse Therapie. Bei allen in diesem Werk erwähnten Dosierungen oder Applikationen, bei Rezepten und Übungsanleitungen, bei Empfehlungen und Tipps dürfen Sie darauf vertrauen: Autoren, Herausgeber und Verlag haben große Sorgfalt darauf verwandt, dass diese Angaben dem Wissensstand bei Fertigstellung des Werkes entsprechen. Rezepte werden gekocht und ausprobiert. Übungen und Übungsreihen haben sich in der Praxis erfolgreich bewährt.

Eine Garantie kann jedoch nicht übernommen werden. Eine Haftung des Autors, des Verlags oder seiner Beauftragten für Personen-, Sach- oder Vermögensschäden ist ausgeschlossen.

Geschützte Warennamen (Warenzeichen®) werden nicht besonders kenntlich gemacht. Aus dem Fehlen eines solchen Hinweises kann also nicht geschlossen werden, dass es sich um einen freien Warennamen handelt.

Das Werk, einschließlich aller seiner Teile, ist urheberrechtlich geschützt. Jede Verwertung außerhalb der engen Grenzen des Urheberrechtsgesetzes ist ohne Zustimmung des Verlags unzulässig und strafbar. Das gilt insbesondere für Vervielfältigungen, Übersetzungen, Mikroverfilmungen und die Einspeicherung und Verarbeitung in elektronischen Systemen.

Besuchen Sie uns auf facebook!
www.facebook.com/
trias.tut.mir.gut

Lassen Sie sich inspirieren!
www.pinterest.com/
triasverlag

# Revolutionäre Herzernährung

▸ **VEGAN GEGEN HERZINFARKT**

Belegt durch jahrelange Studien empfiehlt Dr. Esselstyn 150 pflanzliche Rezepte ohne jegliche Fette und Öle. Dadurch werden Herz-Gefäß-Erkrankungen vorgebeugt und schwere Schädigungen gebessert. Sein berühmtester Patient Bill Clinton schwört darauf!

Caldwell B. Esselstyn
**Essen gegen Herzinfarkt**
€ 24,99 [D] / 25,70 [A]
ISBN 978-3-8304-6908-7
**Titel auch als E-Book**

 Bequem bestellen über
**www.trias-verlag.de**
versandkostenfrei
innerhalb Deutschlands

Wissen, was gut tut.

# Akku aufladen!

Beste Mineralqualität für Energie und Wohlbefinden

- 360 mg Magnesium
- 600 mg Kalium
- 20 µg Vitamin D3
- 5 mg Zink
- 260 mg Calcium

Mit **BasenCitrate *Pur*** unterstützen Sie nicht nur einen ausgeglichenen Säure-Basen-Haushalt, sondern ergänzen gleichzeitig die Nahrung mit **Magnesium, Kalium, Calcium, Zink** und **Vitamin D3** in einer wirkungsvollen Tagesdosis.

Die Inhaltsstoffe sind wichtig für:
- ✔ Muskulatur
- ✔ Nervensystem
- ✔ Energiestoffwechsel
- ✔ Eiweißsynthese
- ✔ Kohlenhydratstoffwechsel
- ✔ verminderte Ermüdbarkeit
- ✔ Säure-Basen-Haushalt
- ✔ eine stabile Psyche*

**6 Qualitäts-Vorteile**
- ✔ Viel Magnesium
- ✔ Viel Vitamin D3
- ✔ Keine Süßstoffe
- ✔ Keine Kohlenhydrate
- ✔ Kein Natrium
- ✔ Keine Carbonate

In jeder Apotheke
PZN: 03755779

### www.basencitrate.de

**Wie sauer bin ich? Jetzt einfach online testen!**
Auf unserer Website www.basencitrate.de finden Sie außerdem vertiefende Informationen zum Säure-Basen-Haushalt, wertvolle Rezepte für eine basenreiche Ernährung und Wissenswertes zu Diät und Bewegung.

Die Teststreifen von **BasenCitrate *Pur*** gibt es in der Apotheke.
26 Harn-pH-Wert-Teststreifen, PZN: 2067497

Besuchen Sie uns auf **facebook**

*Für die in **BasenCitrate *Pur*** enthaltenen Inhaltsstoffe (Kaliumcitrat, Magnesiumcitrat, Calciumlactat, Zinkcitrat, Vitamin D3 [Cholecalciferol]) wurden u.a. die folgenden Aussagen durch wissenschaftliche Studien offiziell bestätigt. Sie tragen bei zu:

- einer normalen Muskelfunktion (Calc., Kali., Magn., Vit. D3)
- einer normalen Funktion des Nervensystems (Kali., Magn.)
- zu einer normalen Funktion des Immunsystems (Zink, Vit. D3)
- der Erhaltung normaler Knochen (Calc., Kali., Magn., Zink, Vit. D3)
- einer Verringerung von Müdigkeit und Ermüdung (Magn.)
- einem normalen Energiestoffwechsel (Calc., Magn.)
- einer normalen psychischen Funktion (Magn.)
- einer normalen kognitiven Funktion (Zink)
- einem normalen Säure-Basen-Stoffwechsel (Zink)